有名老舗の元職人が教える はじめての和菓子作り

伊藤郁

伊藤

はじめに

和菓子は季節を表現するお菓子です。

はじめまして。伊藤 郁です。

私は和菓子店で40年以上、和菓子を作り続けてきました。現在はワークショップなどを中心に、和菓子作りの楽しさを皆さんにお伝えする仕事をしています。

和菓子は季節を表現するお菓子です。色の組み合わせ、形、材料で、抽象的に、具象的に、ひとつの小さなお菓子に季節を描き出しています。また、古くからの行事に深く結びついている和菓子もたくさんあります。なぜ、この時季にこの和菓子が食されるようになったのか。そんなことを紐解いていくのも、和菓子の楽しみ方のひとつです。

和菓子作りはハードルが高いと思われている方も多いかもしれませんが、この本では電子レンジを使って短時間で作れたり、普通の台所用具で作れたり、お家で楽しみながら気軽に作れる和菓子をたくさん紹介しています。この本を手にとってくださった方に、少しでも和菓子作りの楽しさをお伝えできれば、とてもうれしく思います。

もくじ

はじめに…3

あんこの話をまず少し。…6

粒あん

粒あんを作る…7
白玉の粒あんがけ…10
どら焼き…11

季節の練り切り…12

春　桜…14
●包あんのコツ…16
●食用色素の使い方…17
梅雨　紫陽花…18
夏　朝の露…20
夏　落とし文…22
秋　菊〈たて切り〉…24
秋　菊〈木型使い〉…26
冬　寒牡丹…28
春・秋　二色の茶巾しぼり
若草と初霜…30

季節のきんとん…32

春　春霞…34
●きんとんの染め分け方…37
夏　天の川…38
夏　向日葵…40
秋　深山のしらせ…42
冬　雪峯…44

まんじゅう

薯蕷まんじゅう　紅葉とうさぎ…46
大島まんじゅう…48

外郎（ういろう）

花びら餅…50
●味噌あんの作り方…53
●黄身あんの作り方…53
草餅…54
いちご大福　マスカット大福…56
薄衣…58
関西風柏餅…60

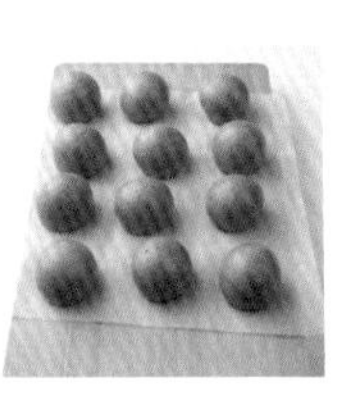

〈参考文献・サイト〉
『事典　和菓子の世界　増補改定版』（岩波書店）
『美しい和菓子の図鑑』（二見書房）
『茶の湯こころと美』（http://www.omotesenke.jp）内「茶の湯の菓子」

〈本書で使用したあんこ購入先〉
山屋製餡所　神奈川県鎌倉市長谷1-10-11

STAFF
デザイン　狩野聡子（tri）
撮影　中本浩平
スタイリング　林めぐみ
原稿作成　横田悦子
DTP　キャップス
校正　麦秋アートセンター
企画編集　松浦祐子（シーオーツー）
包山奈保美（KADOKAWA）

求肥（ぎゅうひ）

うぐいす餅…62
亥の子餅…64
雑穀棒…66

ようかん

練りようかん…68
りんごのようかん…70
抹茶の水ようかん…72

錦玉かん（きんぎょくかん）

金魚…74

葛（くず）

葛焼き…76
山椒入り葛焼き…79
オレンジピール入り葛焼き…79
葛の黒蜜がけ…80

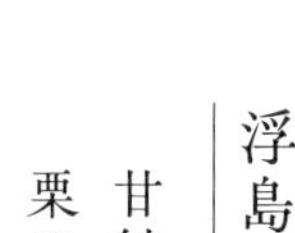
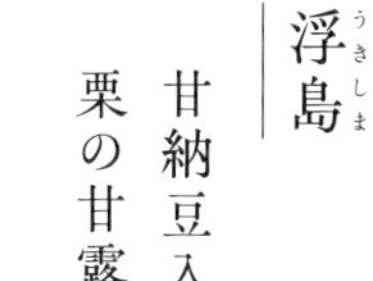
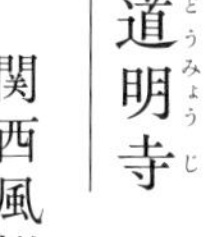

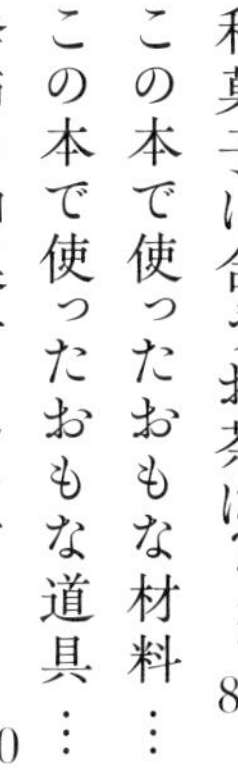

道明寺（どうみょうじ）

関西風桜餅…82

浮島（うきしま）

甘納豆入り浮島…85
栗の甘露煮入り浮島…86

水無月（みなづき）…88

栗のお菓子

栗きんとんモンブラン風…90
栗の茶巾しぼり…92
いが栗…93
栗蒸しようかん…94

和菓子に合うお茶は?…87
この本で使ったおもな材料…96
この本で使ったおもな道具…98
季節の和菓子カレンダー…100
おわりに…103

この本の使い方

●あんこや粉類は季節や販売店などによって水分量が違うため、総重量に差異が出ます。そのため本書では、1つ分のg数を表記せず、○等分にという書き方をしています。

●電子レンジは600Wのものを使用しています。レンジによってあたたまり方に差がありますので、調整してください。500Wのレンジをご使用の場合は、表記の時間の1・2倍を目安に加熱してください。

●作った和菓子は、なるべく早くお召し上がりください。作ったら冷蔵庫に入れて保存し、練り切り、きんとんなどは一両日中、ようかん類は3日以内にお召し上がりいただくと、おいしくいただけます。薯蕷まんじゅう（P.46）、金魚（P.74）、葛の黒蜜がけ（P.80）の葛、栗蒸しようかん（P.94）などは冷凍保存が可能ですが、2週間以内程度でお召し上がりいただくことをおすすめします。

あんこの話をまず少し。

一口にあんこと言っても、こしあん、粒あん、白あん、ずんだあんなど、いろいろな種類のあんこがあります。それぞれ特徴があり、和菓子の世界では、作るお菓子によってあんこを使い分けています。

もっともポピュラーなのはこしあんと粒あんですが、こしあんがすっきりした甘さのものが多いのに対し、粒あんは甘みを少し強く感じる気がしませんか？　これは粒あんのほうが空気に触れる面積が多く、乾燥を防ぐために水あめが入っているからです。その分少し粘度があり、きんとんのように、周りにそぼろあんを付けるときは、粒あんのほうが付けやすかったりします。

この本ではあんこの種類を表記していますが、お好みで違うあんこを使っていただいてもかまいません。

こしあんや白あんは作るのにとても時間がかかり、技術も必要です。無理せず、製菓材料店などで購入しましょう。和菓子店であんこが買える場合もあります。お店によって甘さや硬さが違うので、好みのあんこを見つけてみるのも楽しいかもしれません。あんこの硬さは調整することが可能です。硬すぎる場合は砂糖水を加えてやわらかくし、やわらかすぎる場合は布巾で包んで水分をぬきます。作るお菓子によって使いやすい硬さも違ってきますので、調整して使ってみてください。

粒あんを作る

こしあんは少しハードルが高いのですが、粒あんを家庭で作るのは難しくありません。時間は8時間ほどかかりますが、甘さや硬さも自分好みに調整できます。粒あんを作っておくと、この本で紹介している和菓子に使う以外にも、アイスクリームにかけたり、あんバタートーストにしたりと幅広く使えます。もちろん市販のものを買ってもいいのですが、自分好みに煮た粒あんはまた格別。今日はのんびりできるな、という日に、ぜひ一度、粒あん作りに挑戦してみませんか。

材料 できあがり約800g

小豆…200g
グラニュー糖…300g
水あめ…50g
水…適量

新豆は色が薄く、
時間が経つにつれ
だんだん濃くなります

作り方

1 たっぷりの水に小豆を入れ、一晩おく。

水が足りなくなったら、途中で足しながら

2 翌日火にかけ、中火で小豆の表面のしわが伸びるまで煮る。

豆の煮え具合を見て、煮えてない豆は捨てて

3 小豆のしわが伸びたらザルにあけ、煮汁を捨てる。

中身が出てしまうので、豆を躍らせないよう注意

4 小豆がかぶるくらいの水を入れ、落としぶたをして弱火で2〜3時間煮る。小豆がやわらかくなったら火を止め、鍋のふたをして1〜2時間蒸らす。

砂糖を入れたら一晩おいてもOK！

5 グラニュー糖を入れて中火にかけ、グラニュー糖が溶けたら火を止めて3時間ほどおく。

6 ❺を軽く泡が出てくるくらいまで一度あたためてから、小豆をザルにあけ、煮汁と分ける。

7 煮汁を火にかけ、泡が大きくなるまで強火で煮たてる。

8 強火のまま煮汁が半量になるまで煮詰める。

砂糖を入れないと小豆が傷んでしまいます

作り方の❺で、蒸らした小豆に砂糖を入れて煮溶かし、3時間ほど（一晩でもOK）おきますが、このときに砂糖を入れずにそのまま時間をおくと、小豆が傷んでしまいます。必ず砂糖を入れて甘くしてから、保存するようにしてください。

9 ❻でザルにあけた小豆を煮汁に戻す。

10 木べらでゆっくり混ぜながら強火で煮る。

11 混ぜるときは、小豆が自分のほうに飛んで火傷をしないように、木べらで手前から奥に混ぜる。

12 水分がなくなったら中火にし、小豆をつぶさないように、木べらでやさしく混ぜ続ける。

13 小豆を寄せて木べらを引き上げたときに、崩れず壁ができる状態になるまで煮る。

和菓子職人の間では、「峰が立つ」と言います

14 ⓭の状態になったら水あめを加える。

15 水あめを加えたら手早く練り上げ火を止める。

16 布巾に包んで粗熱をとり、冷めたら容器に移して冷蔵庫で保存する。

布巾に包むことで余分な水分をとります

粒あん

白玉の粒あんがけ

粒あんがあれば、白玉をゆでるだけで大満足のデザートに

材料 5個分

白玉粉…30g
水…27cc（白玉粉の9割を目安に）
粒あん…適量

白玉団子を作って、粒あんをかければ、あっという間に立派なデザートのできあがり。ひんやり冷やせば、夏のデザートにおすすめです。粒あんを水でゆるめてあたため、白玉団子を入れればぜんざいにも。

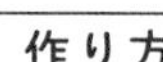

作り方

1 白玉粉に少しずつ水を加え、弾力が出るまでもむように混ぜる。

2 5等分にして丸め、親指の腹で真ん中を押して少しへこませる。

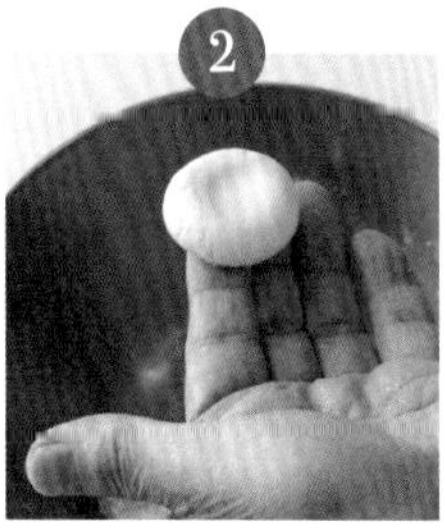

3 鍋に湯を沸かし、白玉をゆでる。浮き上がってきたら冷水にとり、器に盛って粒あんをかける。

粒あん

どら焼き

ホットケーキのように生地を焼いて、粒あんを挟んだらできあがり

大きめのカレースプーン1杯分のタネで1枚の皮を焼く、ミニサイズのどら焼きです。一番のポイントは皮を焦がさないこと。温度管理が簡単なホットプレートで焼くのがおすすめです。

材料 5個分

卵…Mサイズ2個
上白糖…120g
小麦粉（薄力粉）…120g
重曹…2g
水…40cc
粒あん…100g

作り方

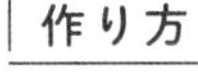

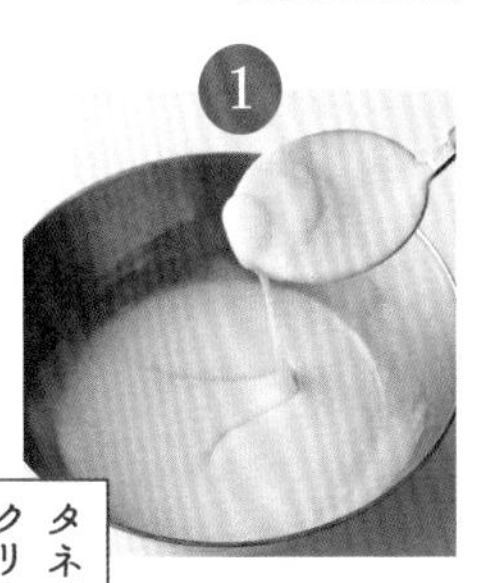

1 卵を泡立て器で軽く混ぜ、上白糖と小麦粉を加え、手早く混ぜてザルなどで濾す。重曹を水で溶いて加える。

タネはやや固めのクリームスープぐらいに

2 ホットプレートを170〜180℃にあたため る。カレースプーンで❶をすくい、ホットプレートの上に垂らす。

スプーンを動かさず、1カ所に垂らせば自然に丸くなります

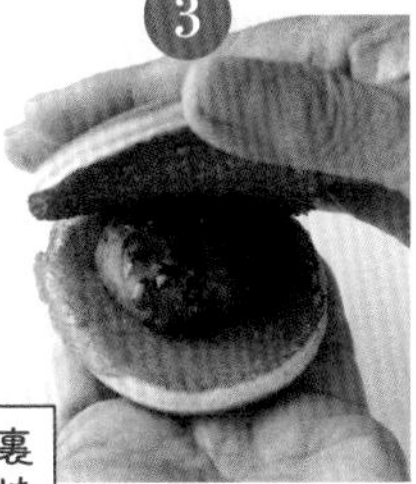

3 両面を焼いたら、5等分して丸くした粒あんを少し平たくし、皮で挟む。

裏はうっすら焼き色が付けばOK

4 粒あんを挟んだら、すぐにラップで包む。

すぐに包むと、皮がしっとりやわらかいまま！

茶席でいただく小さなアート。
関西では“こなし”と呼ばれます

季節の練り切り

皆さんが和菓子と聞いて最初に思い浮かべるのが、この練り切りかもしれません。上生菓子として、お茶席にもよく利用されます。実は練り切りという呼び名は関東のもの。関西では「こなし」と呼ばれます。練り切りの生地には白玉粉や芋が、こなしには薄力粉や寒梅粉などが使われています。この本でご紹介するのは、白玉粉を使った「求肥練り切り」と呼ばれるものです。

色や形で季節を表現する、
華のある和菓子を手作りで

練り切りは、色や形で季節を表現する、華やかなお菓子です。手作りの練り切りをお客さまにお茶菓子として振る舞ったり、お呼ばれのときの手土産にすれば、喜ばれることまちがいなし。お祝いの席にもおすすめです。大切なのは季節感と、どなたに食べていただくか。食べていただく方の年齢や好みを考えながら色や形を決めて練り切りを作るのは、とても楽しい時間だと思います。

練り切り―春

桜

ふんわりと浮かび上がる
桜色の花びらが愛らしい

淡い桜色を表現するために、包みぼかしという手法で作りました。白い練り切り生地の中にピンク色の生地を包み、桜色がふんわりと浮かび上がります。ここでは三角ベラの一本筋の部分を使って筋を付け、花びらを作っていますが、ご家庭にある定規などでも代用できます。

材料 10個分

練り切り生地
- 白あん…250g
- 白玉粉…8g
- 水…16cc

白あん（中あん用）…150g
食用色素・赤…適量

作り方

1

生地用の白あんを平らにしてラップに包み、電子レンジ（600W）で2分半ほどあたためる。かたく絞った濡れ布巾の上に広げ、水分をとばす。

2

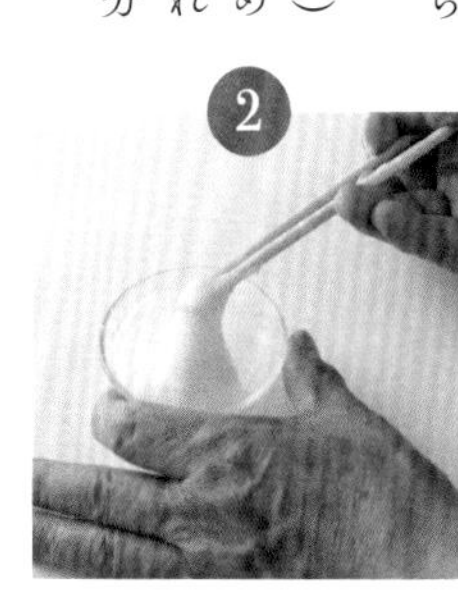

耐熱容器に白玉粉と水を入れてよく混ぜ、電子レンジ（600W）で30秒あたため、一度取り出して混ぜる。さらに30秒あたため、よく混ぜてのり状にする。

3

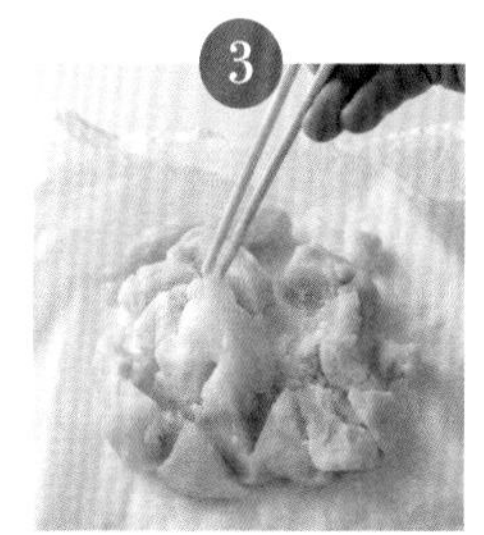

❶の上に❷をのせ、周りから❷を包むようにまとめる。

4

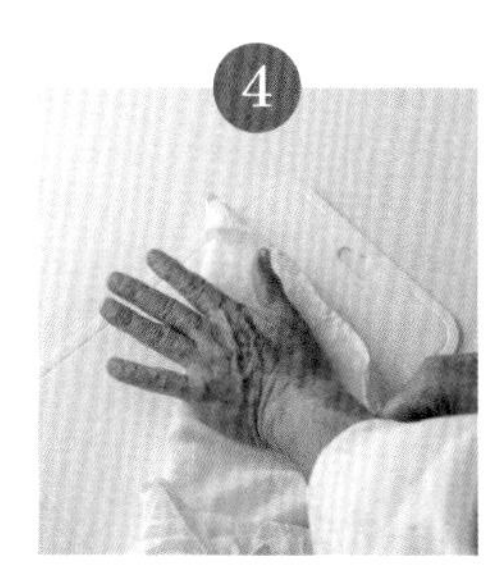

濡れ布巾で挟んで手のひらで押し伸ばす。

5

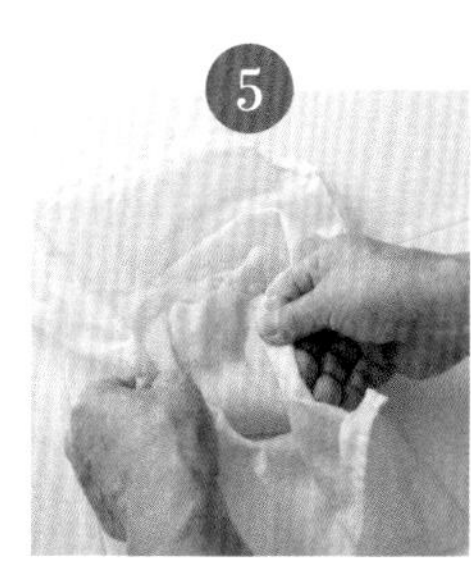

押し伸ばした生地をまとめ、また押し伸ばす。これを、生地がなめらかになるまでくり返す。

6

指で押してみて、指の跡が割れずにきれいに付くようになるまで、❺の作業をくり返す。

指の跡がきれいに付くまで押し伸ばして

7

生地がなめらかになったらちぎって広げ、人肌くらいになるまで1〜2分冷ます。

8

再度まとめてもみ混ぜ、ラップで包み、冷蔵庫に入れて冷ます。

9

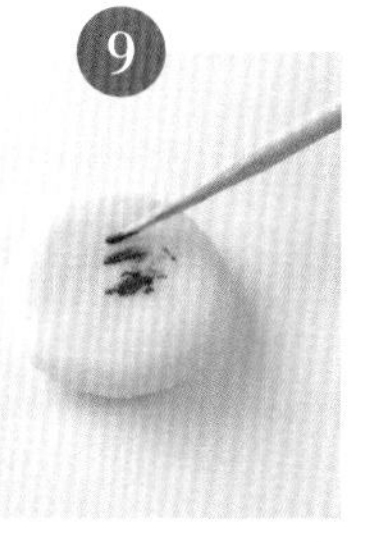

生地の10分の1くらいを分け、ピンクに着色する（P.17「食用色素の使い方」参照）。

生地の色合いを見ながら色素を少しずつ足します

10

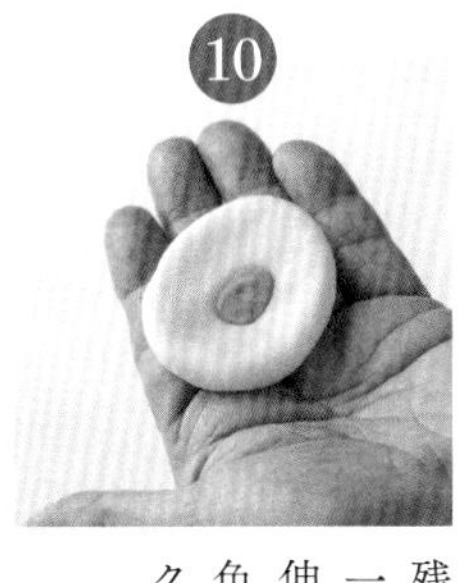

残りの生地を10等分し、一度丸めてから平たく伸ばす。中央に❾で着色し、10等分したピンク色の生地をのせる。

11

着色した生地を周りから包むように丸める。

12

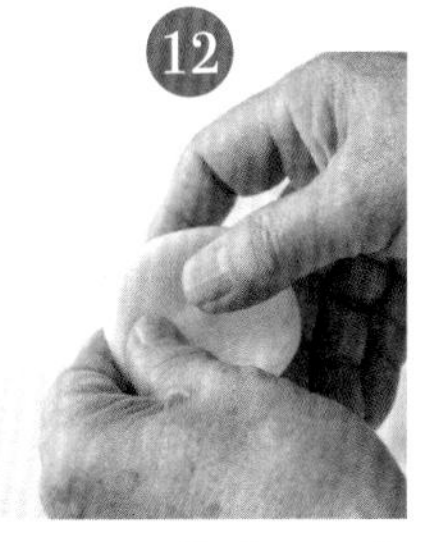

丸めた生地を手のひらで押し、ふちの内側を指で押しながら平たく伸ばす（P.16「包あんのコツ」❶❷参照）。

次ページにつづく

作り方　つづき

13 生地の中央に10等分して丸めた中あん用の白あんをのせて包んでいく（左記「包あんのコツ」参照）。

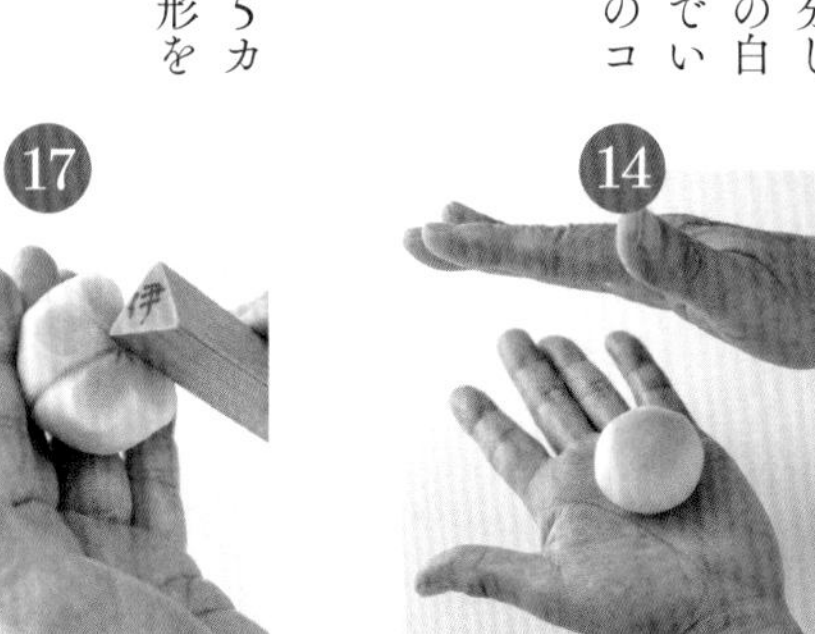

14 あんを包み込んで天地を返すと、うっすらピンク色の丸が見えている状態。軽く手のひらで押し、天地を平たくする。

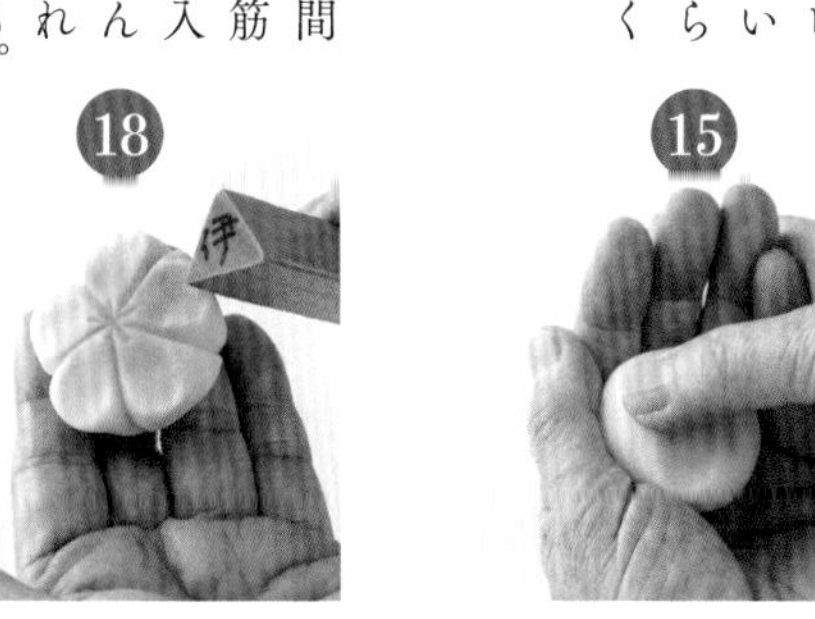

15 親指の先で生地の表面を外側に軽く押し出す。

16 同様にして等分に5カ所押し、花びらの形を作る。

17 指で押した花びらの間に、三角ベラの一本筋の部分を使い、線を入れる。このとき、真ん中より少し先まで入れて、おしべを表現する。

線は真ん中より少し先まで！

18 花びらの先端に三角ベラの一本筋を押し当て、少しへこみを作る。残り4枚の花びらも同様に線を入れる。

包（ほう）あんのコツ

練り切りを作るときに一番難しいのが、中のあんを練り切り生地で包み込む「包あん」です。これがきれいにできれば、練り切り作りは成功したも同然。最初はうまくできなくても、何個か作るうちに必ず上達します！

1 一度丸めた練り切り生地を手のひらの間に挟んで押し、平たくする。

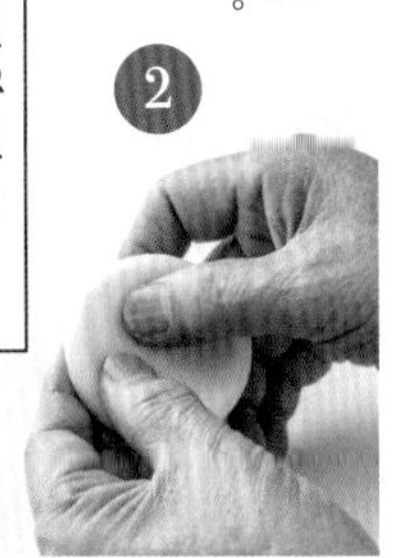

2 ふちの内側を指で押し、薄く広げる。

ふちは触らずに残しておくのがコツ！

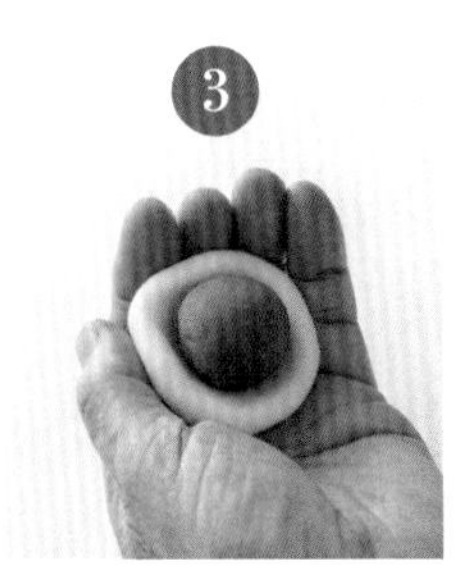

3 中あん用のあんを丸め、広げた生地の中央にのせ、周りから包み込む。

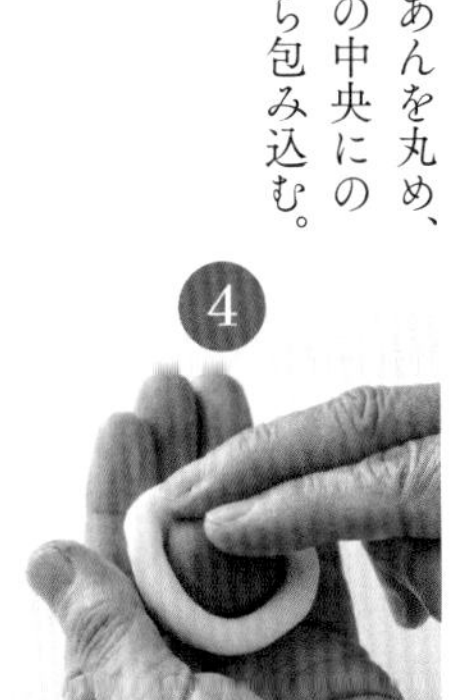

4 生地との境目のあんをやさしく指で押しながら、もう一方の手指で周りの生地を包むように持つ。

5
生地をのせたほうの手で生地を右回りに回しながら、同じ手の親指側面でふちを立ち上げ、同時に反対の手の指であんを少しずつ押す。

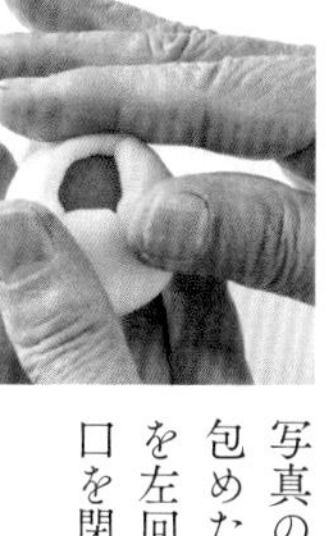

6
写真の状態くらいまで包めたら、今度は生地を左回しにしながら、口を閉じていく。

今度は反対回し！

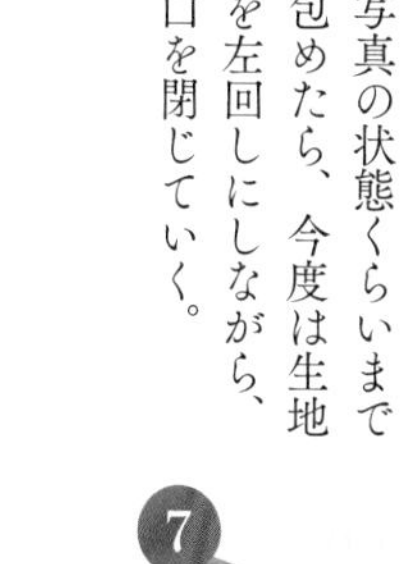

7
中のあんが見えなくなるように、最後はきっちりと生地をつまんで閉じる。

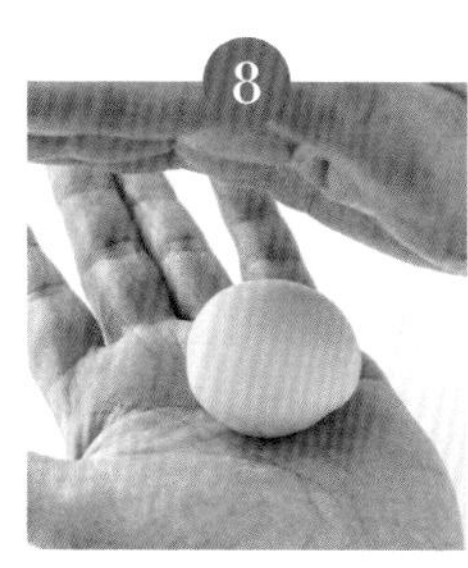

8
天地を返し、7でつまんだほうを下にして手のひらの間で転がし、丸く形を整えながら生地の表面をなめらかにする。

9
手のひらをVの字の形にして、包むように中で転がす。

10
気球のような形になったら、尖ったほうを下にして置く。

食用色素の使い方

色で季節を表現する和菓子には、食用色素が不可欠です。少量でもかなり色が付くので、ポイントは一度に色素を入れ過ぎないこと。赤と黄の色素を混ぜてオレンジ色など、複数の色素を混ぜて色を作ることも可能です。

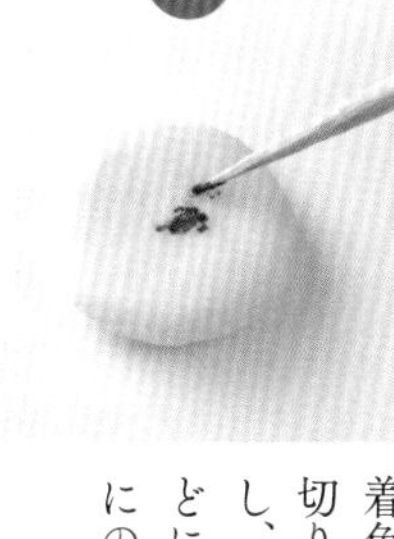

1
着色したい分量の練り切り生地を平たく伸ばし、箸の先や爪楊枝などに色素を付け、中央にのせる。

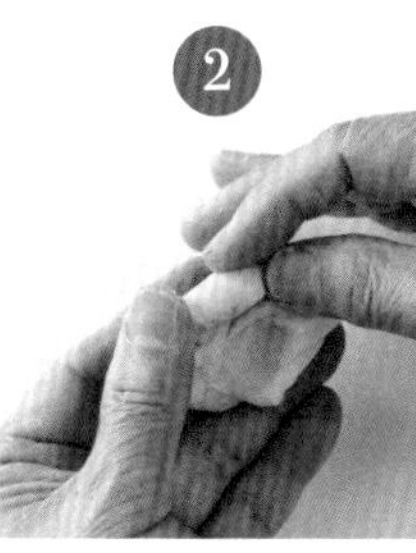

2
周りからたたむようにして色素をもみ込み、全体に色がいきわたるまでくり返す。

3
全体的に色が付いたら、手のひらの間で伸ばす↓たたむ↓伸ばすを、色ムラが無くなるまでくり返す。

4
色ムラが無くなったら、形を丸く整えておく。

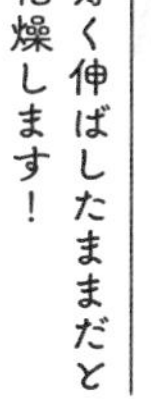

薄く伸ばしたままだと乾燥します！

練り切り―梅雨

紫陽花（あじさい）

淡い色合いが涼しげな、
大人の紫陽花

青、緑、紫、黄の4色を包みぼかしにし、上品な淡い色の紫陽花を作ってみました。いわば「大人の紫陽花」。和菓子は季節を少しだけ先取りするのがお約束。そろそろ梅雨に入りそう、そんな時季に作って欲しい練り切りです。

材料 10個分

練り切り生地（P.14参照）
…250g
（作り方はP.15 ❶～❽参照）
こしあん（中あん用）…150g
食用色素・青、緑、紫、黄
…各適量

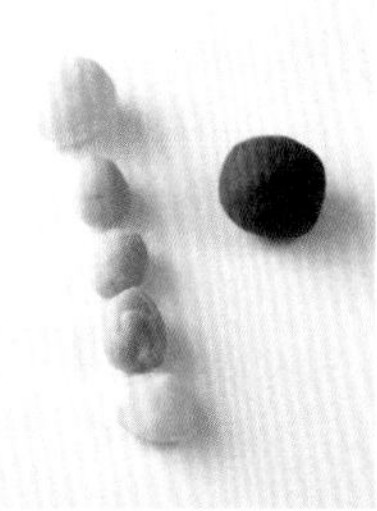

作り方

1. 生地30gずつを青、緑、紫に、35gを黄色に着色（P.17「食用色素の使い方」参照）。黄色の生地5gを分けて、4色それぞれを10等分して先端を尖らせておく。

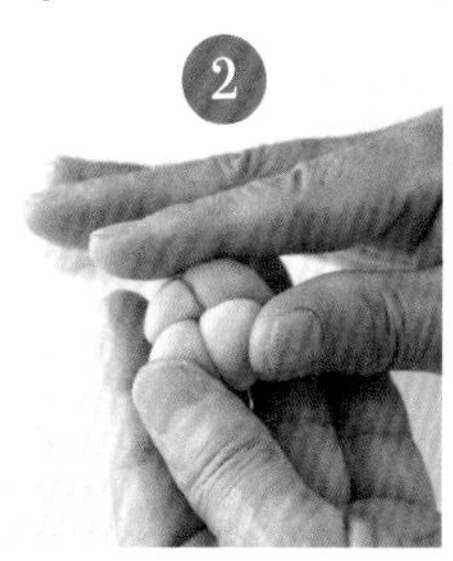
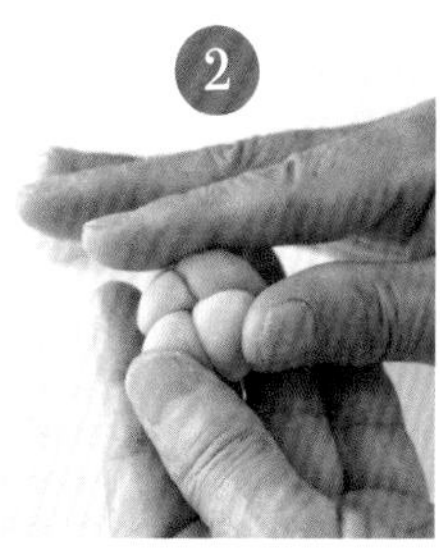

2. 4色の生地を写真のように合わせ、丸くまとめていく。

3. 残りの白い生地を10等分して平たく伸ばし、丸めた4色の生地を中央にのせる。

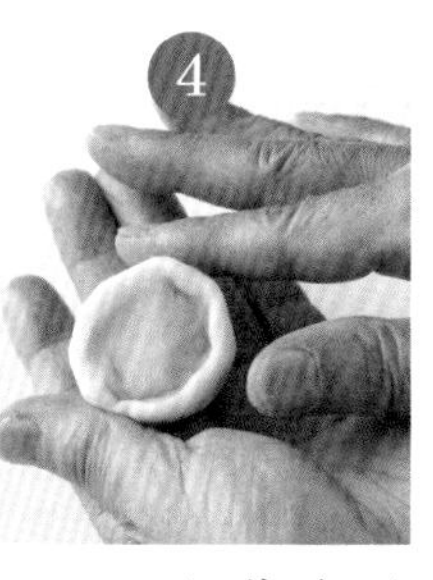

4. 4色の部分を軽く押しながら、白い生地で全体を包む（P.16「包あんのコツ」参照）。

5. 全体が包めたら、平たく伸ばす。

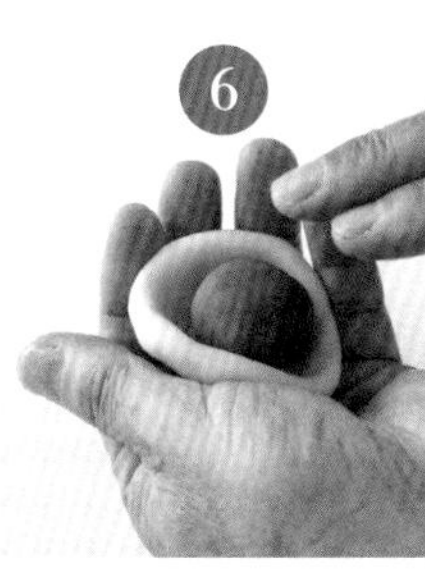

6. 中あん用のこしあんを10等分して丸め、❺の中央に置き、全体を包む（P.16「包あんのコツ」参照）。

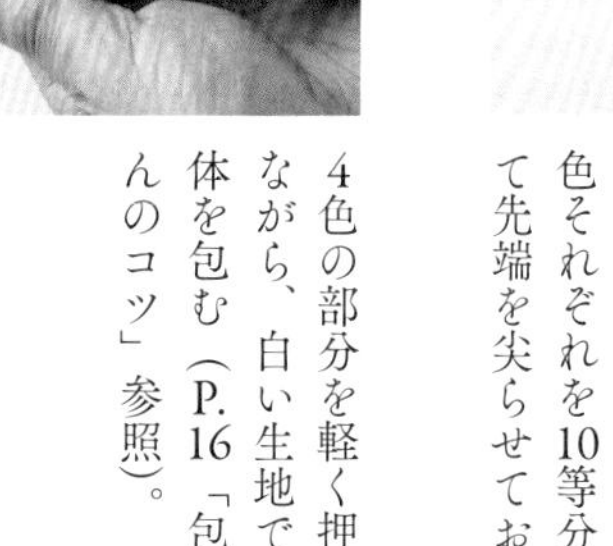

7. 全体が包めたら、丸く形を整える（P.16「包あんのコツ」参照）。

8. 三角ベラの一本筋の部分を使い、うっすら見えている4色を区切るように十字に切れ込みを入れる。

9. 4つに分けた部分の表面をそれぞれ親指で外側に押し出し、花びらの形を作る。

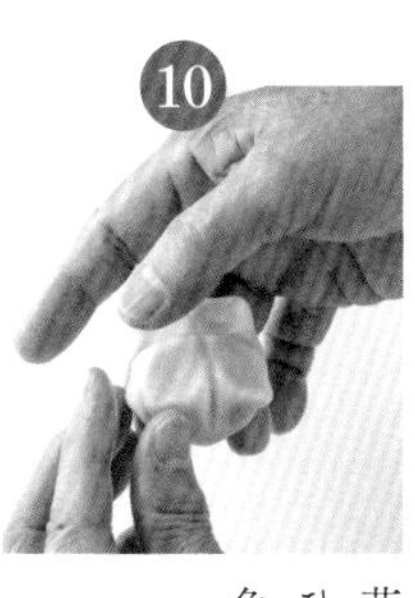

10. 花びらの先をつまんでひし形にし、全体を四角くなるように整える。

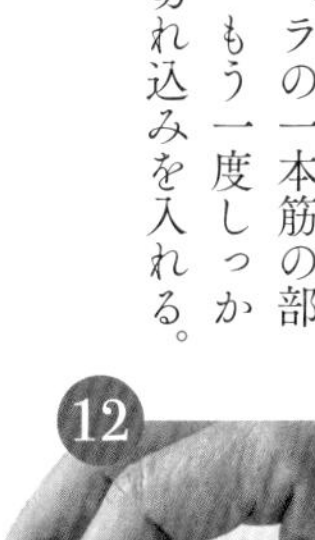

11. 三角ベラの一本筋の部分で、もう一度しっかりと切れ込みを入れる。

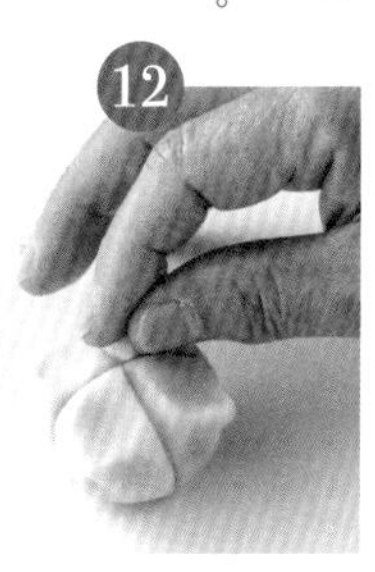
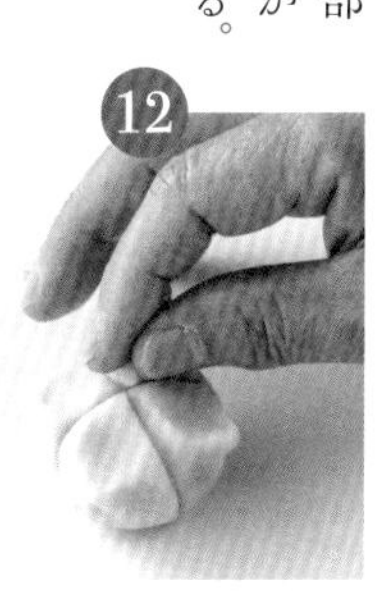

12. 分けておいた黄色い生地を10等分して小さく丸め、中央にのせる。

練り切り―夏

朝の露（あしたのつゆ）

夏の早朝の風物詩、
朝露が光る朝顔の花を表現

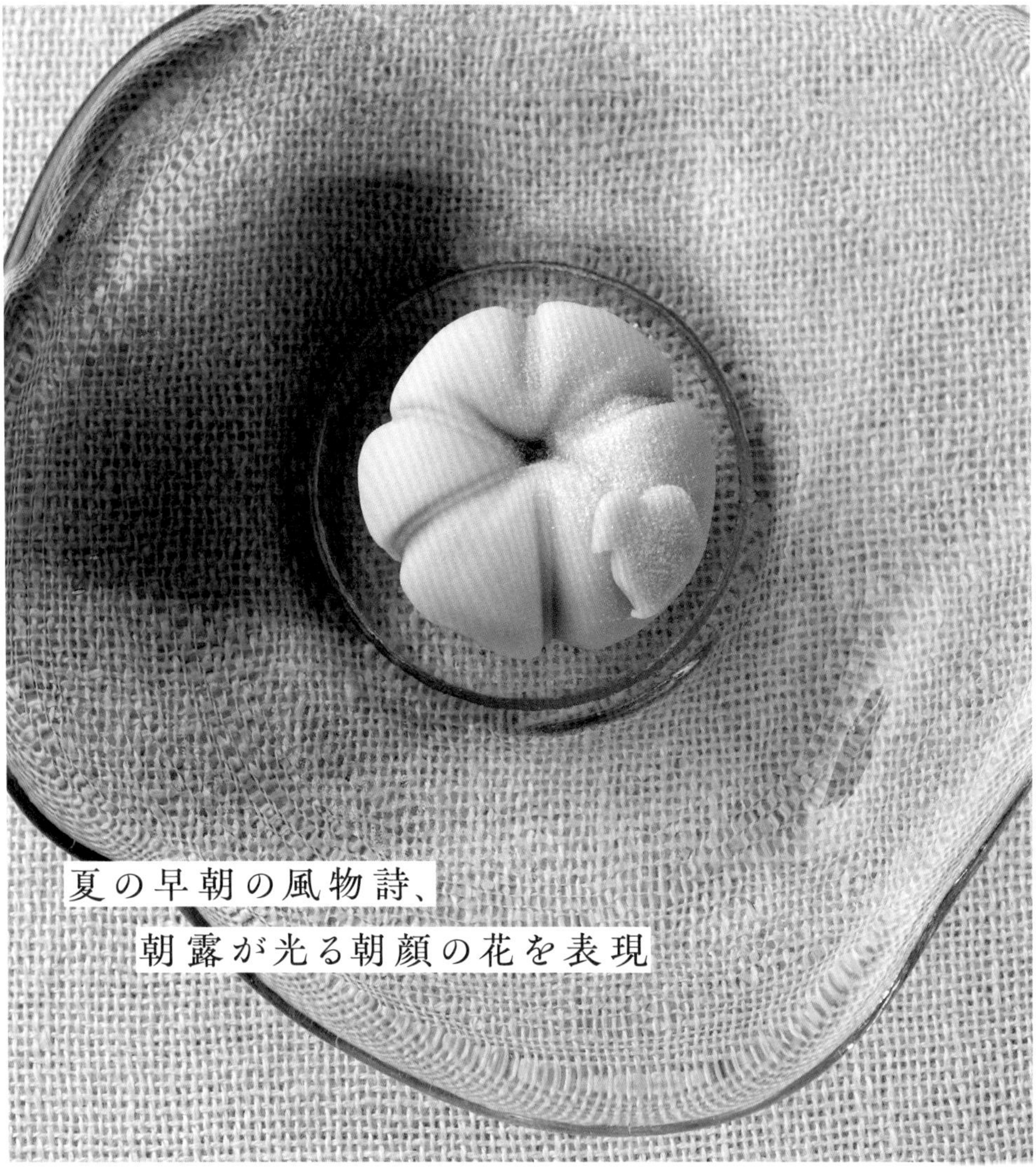

三角ベラの二本筋の部分を使って、朝顔の花を作りました。練り切り生地全体を青く着色するのではなく、青い生地を白い生地で包んで包みぼかしにすることで、グラデーションを作っています。最後にオブラートの粉をふりかけ、キラキラと光る朝露を表現しました。

材料 10個分

練り切り生地 … 300g
- 白あん … 300g
- 白玉粉 … 9g
- 水 … 18cc

（作り方はP.15 ❶～❽参照）

（作り方はP.15 ❶～❽参照）

こしあん（中あん用）… 150g
食用色素・青、緑 … 各適量
オブラートの粉 … 少々

作り方

型抜きは後で取りやすいよう、濡れ布巾の上で！

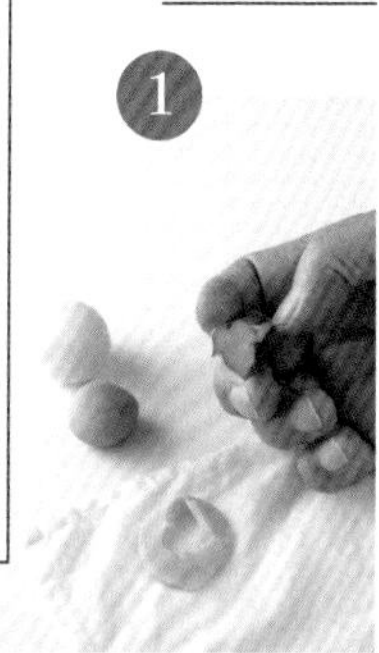

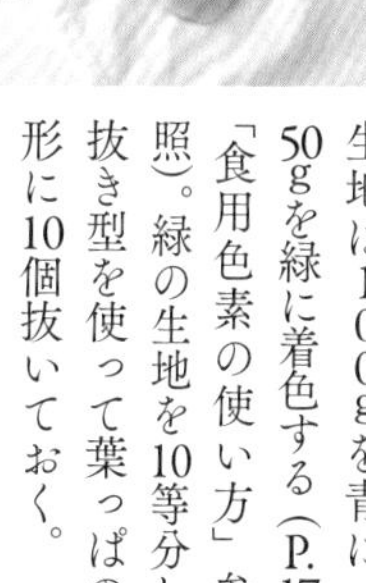

❶ 生地は100gを青に、50gを緑に着色する（P.17「食用色素の使い方」参照）。緑の生地を10等分し、抜き型を使って葉っぱの形に10個抜いておく。

❷ 10等分して丸め、平たく伸ばした白い生地で、10等分して丸めた青い生地を包む（P.16「包あんのコツ」参照）。

❸ 全体が包めたら、生地を平たく伸ばす。

❹ 中あん用のこしあんを10等分して丸め、❸の中央に置き、全体を包む（P.16「包あんのコツ」参照）。

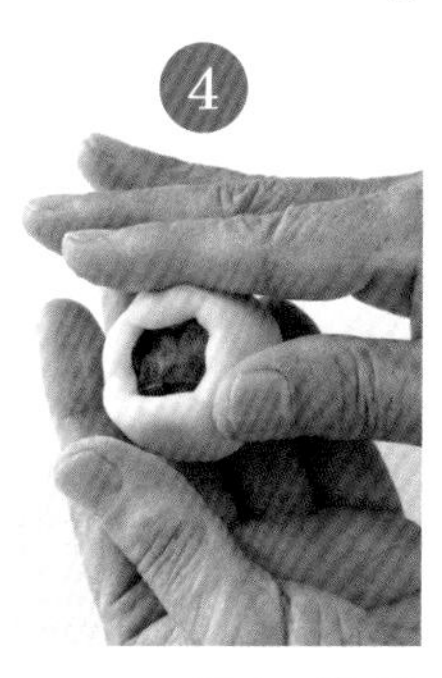

❺ 全体が包めたら、丸く形を整える（P.16「包あんのコツ」参照）。

❻ 上下を軽く押して少し平たくし、濡れ布巾をかけて中央を箸で押し、くぼみを付ける。

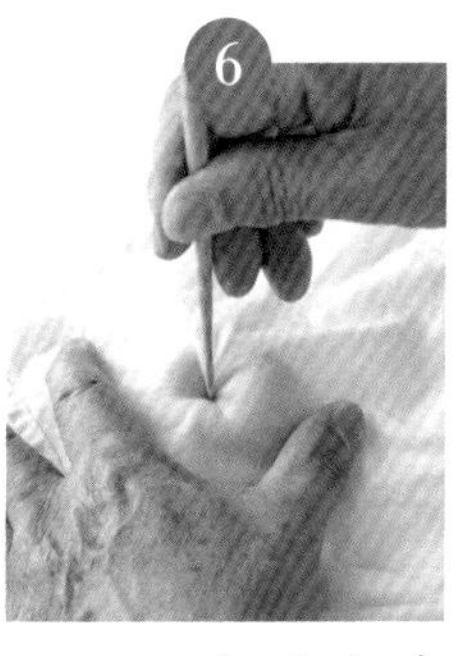

❼ 三角ベラの二本筋の部分を使い、中心から外に向かって5本の筋を入れる。

箸で押したときにできたラインを避けて

❽ 型抜きしておいた❶の葉をのせ、筆の先にオブラートの粉を付け、筆をたたくようにして上から粉を落とす。

菓子を入れるケースを用意しておくと便利

せっかく和菓子を作ったら、やっぱり誰かに差し上げたくなるもの。1個ずつ入れるケースを用意しておくと、形を崩さずにお渡しできます。見た目もきれい。製菓材料店などで購入することができます。写真は内径4・5㎝のもの。

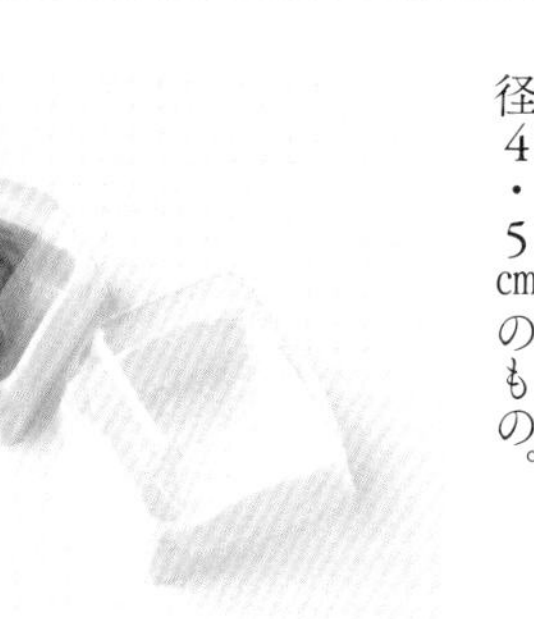

練り切り｜夏

落とし文

オトシブミという昆虫は、若葉に卵を産み、葉っぱをゆりかごのようにくるっと巻いて地面に落とします。この様子が恋しい人に拾ってもらえるように落とした恋文、落とし文のようだと、この菓銘がつきました。大きな型で抜いた生地であんを挟むだけなので、比較的簡単にできるこの練り切り。差し上げるときには、菓銘の由来を一筆添えても楽しいかもしれません。

落とし文は初夏の季語。
菓銘の由来も楽しいお菓子

材料　10個分

練り切り生地（P.14参照）
…250g
（作り方はP.15 ❶〜❽参照）
こしあん（中あん用）…150g
片栗粉（打ち粉用）…適量
食用色素・緑…適量

作り方

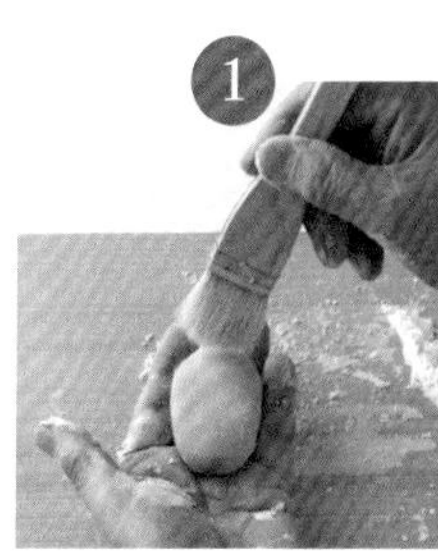

1 生地は10gを別に分けておき、残りを緑に着色して10等分にする。楕円に丸めた生地に打ち粉をし、余分な粉を刷毛で払い落とす。

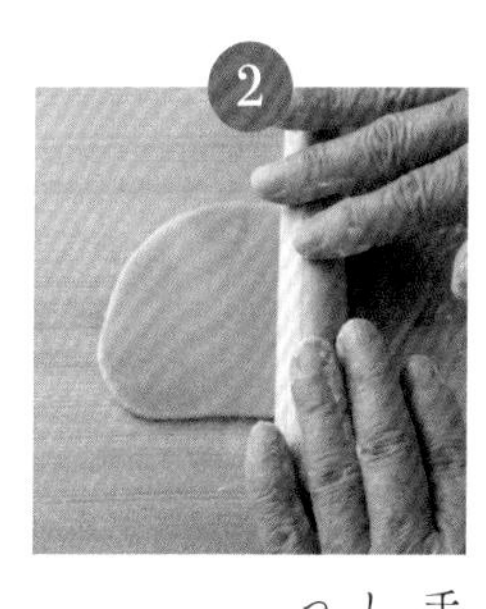

2 手のひらで押して伸ばした後、麺棒などを使って平たく伸ばす。

3 大きな葉っぱの抜き型で伸ばした生地を抜く。

4 表面に付いている打ち粉を刷毛で落とす。

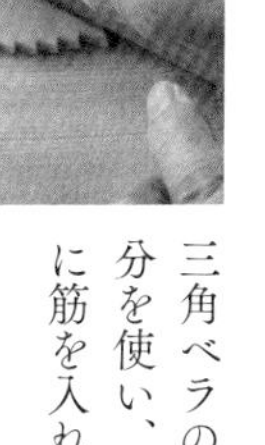

5 三角ベラの一本筋の部分を使い、真ん中に縦に筋を入れる。

6 同じく三角ベラの一本筋の部分を使い、真ん中に入れた筋から斜め下に向かって何本か筋を入れ、葉脈を作る。

7 葉脈を作ったら裏返し、表面を塗れ布巾で湿らせる。

あんを挟んだときにはがれにくくなります

8 中あん用のこしあんを10等分にして楕円に丸め、緑の生地で挟む。

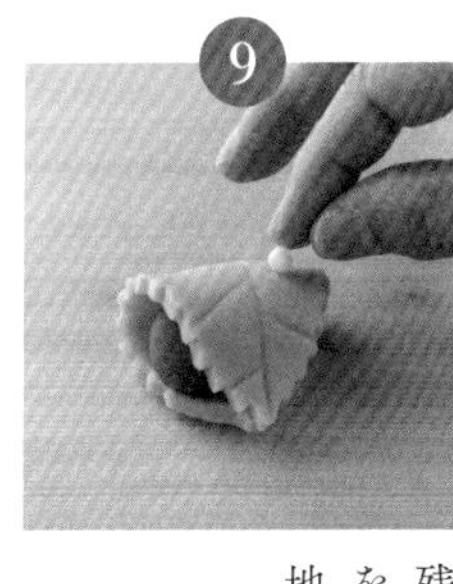

9 残しておいた白い生地を10等分して丸め、生地の上に置く。

練り切り—秋

菊〈たて切り〉

色や手法のバリエーションが楽しめる、
秋の練り切りの代表格

秋の練り切りを代表する菊の花。三角ベラの一本筋を使った「たて切り」の手法で花びらを表現しました。真ん中の薄赤の部分は、三角ベラの先端の「しべ」と呼ぶ部分を使って作っています。ここでは黄色の菊を作っていますが、何色か色違いの菊を作って並べてもきれいです。中のあんもお好みで。

材料 10個分

練り切り生地（P.14参照）
…250g
（作り方はP.15 ❶〜❽参照）
白あん（中あん用）…150g
食用色素・赤、黄
…各適量

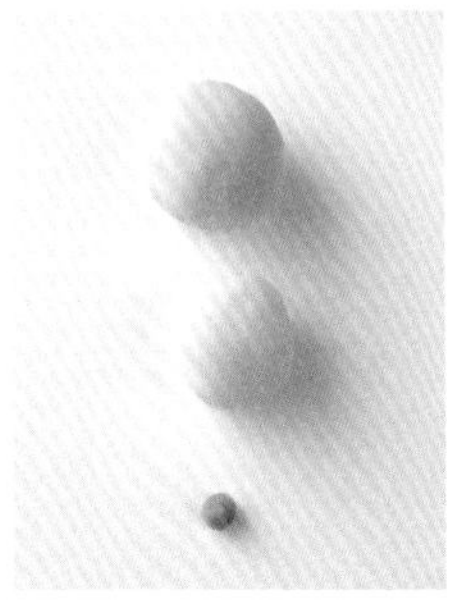

作り方

1

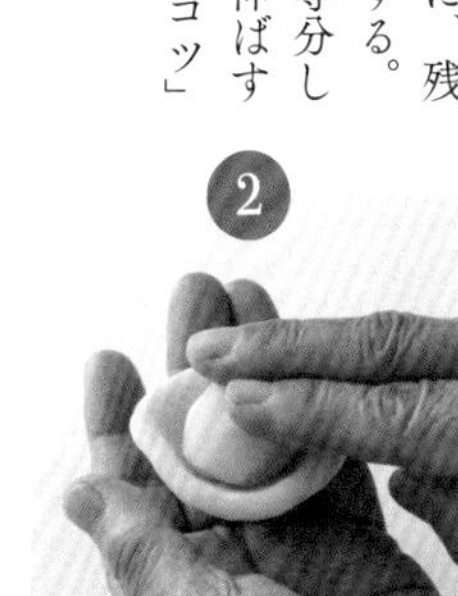

生地は20gを赤に、残りを黄色に着色する。黄色の生地を10等分して丸め、平たく伸ばす（P.16「包あんのコツ」参照）。

2

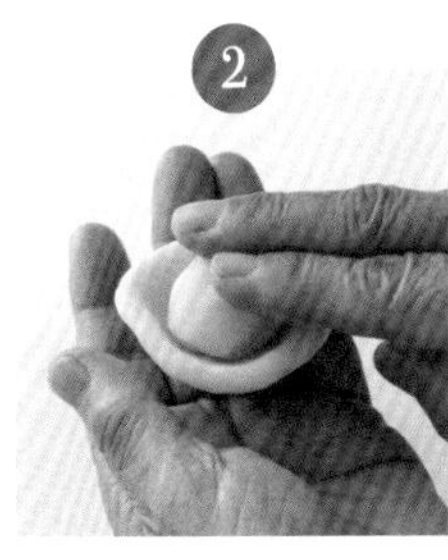

中あん用の白あんを10等分して丸め、❶の生地で包む（P.16「包あんのコツ」参照）。

3

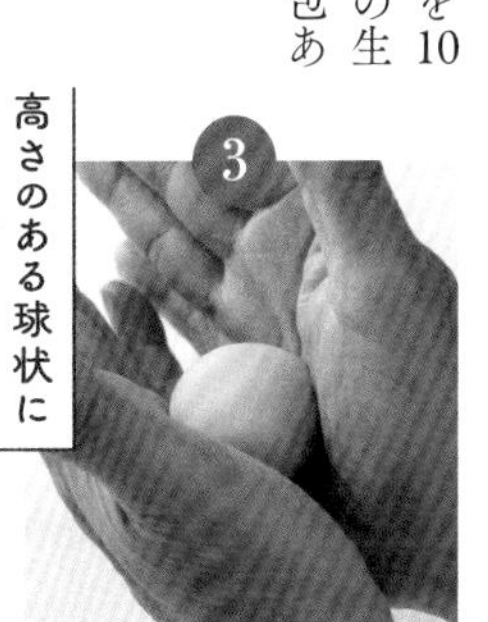

高さのある球状にするのがコツ！

全体が包めたら丸く形を整え、手のひらをVの字にして挟んで気球のような形にして高さを出し、一度下に置く（P.16「包あんのコツ」参照）。

4

上になる中央の部分に三角ベラの一本筋の先端の部分を当てる。

5

中央の部分から、まっすぐに下に向かって筋を付ける。

6

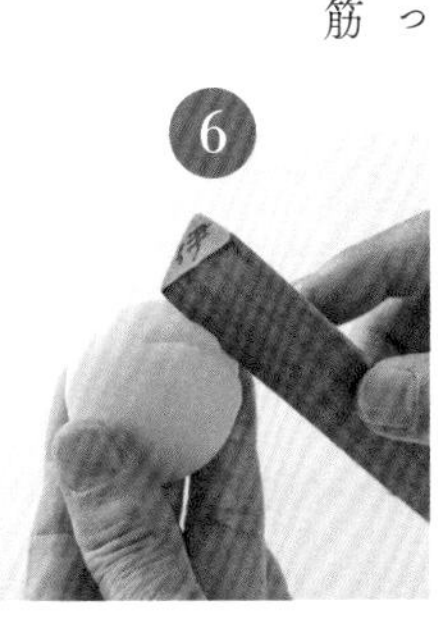

右方向に少し弧を描くように三角ベラの角度を戻し、今度は上に向かって筋を付けていく。

7

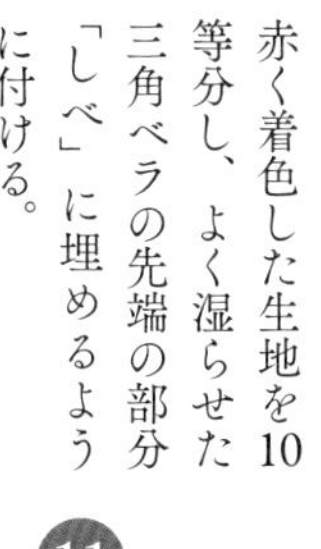

しっかりとスタート地点まで戻して

上に向かって筋を付けながら、最初の筋のスタート地点、右横まで戻る。

8

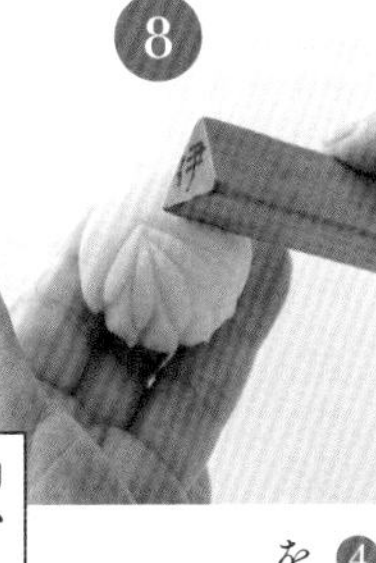

細かく筋を付けていくと、できあがりがきれいです

❹～❼をくり返し、筋を付けていく。

9

❹～❼の作業を一周させ、全体に筋を付けて花びらを作る。

10

赤く着色した生地を10等分し、よく湿らせた三角ベラの先端の部分「しべ」に埋めるように付ける。

11

上の中心の部分に三角ベラのしべを押し付け、赤い生地を移す。

練り切り―秋

菊〈木型使い〉

ビビッドな色使いでも
上品に仕上がる、練り切りの魔法

木型を使うと、凝ったデザインの練り切りを簡単に作ることができます。かつて木型はとても貴重で高価だったため、和菓子職人が手で細工を施す技術が発達しました。今回ははっきりとした色味の3色を組み合わせてみました。こんな大胆な色使いでも上品に仕上がるのですから、練り切りって本当に不思議なお菓子です。

材料 10個分

練り切り生地（P.14参照）
…250g（作り方はP.15 ❶～❽参照）
白あん（中あん用）…150g
食用色素・紫、赤、黄…各適量

作り方

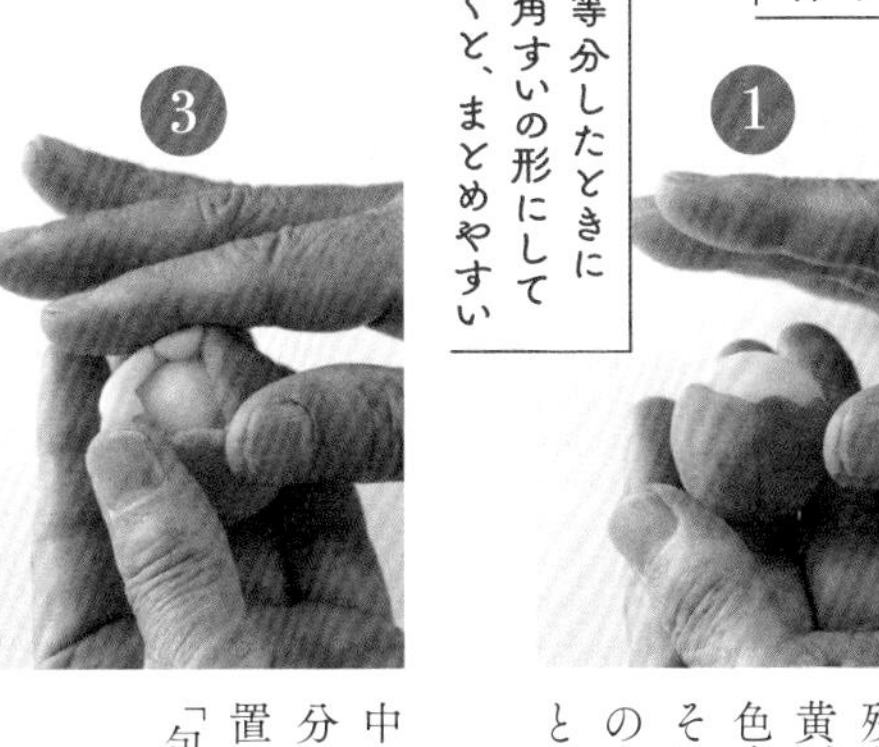

❶
生地は10gを紫に着色し、残りを3等分して、赤、黄、オレンジ（赤＋黄の色素で作る）に着色する。それぞれ10等分し、3色の生地を合わせて丸くまとめる。

10等分したときに三角すいの形にしておくと、まとめやすい

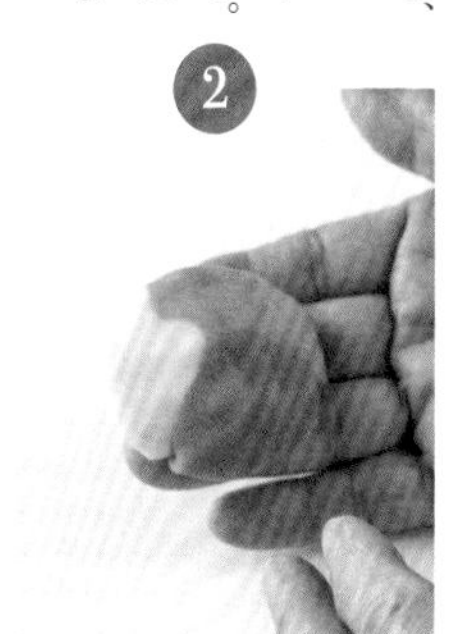

❷
まとめて丸くした生地を、平たく伸ばす（P.16「包あんのコツ」参照）。

❸
中あん用の白あんを10等分して丸め、❷の中央に置き、全体を包む（P.16「包あんのコツ」参照）。

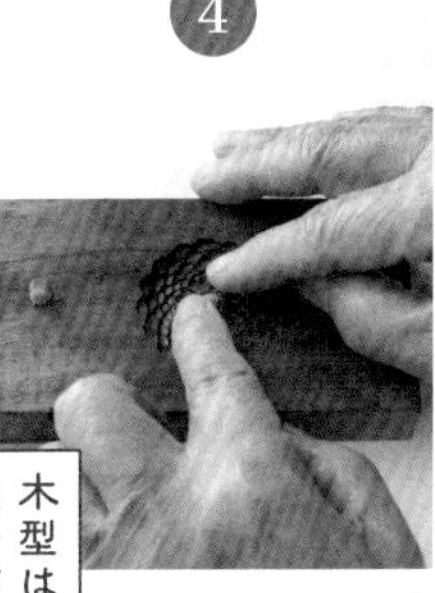

❹
❶で紫に着色した生地を10等分して丸め、菊の模様がある側の木型の、模様の真ん中に置く。

木型はよく湿らせておくと、菓子がはずしやすい

❺
木型の模様の部分に閉じた部分を上にして❸を置く。

❻
木型の穴の開いている側をのせて、❸を挟む。

❼
木型の上に出た部分を手で押して平らにする。

❽
❻でのせた木型をはずし、練り切りがおさまった側の木型を硬いもの（ここでは写真左の円柱木片を利用）に打ち付け、練り切りをはずす。

すりこぎなど、割れない硬いものに打ち付けて

シンプルな丸い木型が1つあると便利です

凝った模様の木型も素敵ですが、応用範囲が広いのは模様の無い、丸い木型。色やちょっとした細工でいろいろな表現が可能です。写真は薄い水色の生地に黄色の生地を丸く貼り付けて木型で抜き、黄色で月を、スプーンの側面のカーブで押してススキを、オブラートの粉で雲を表現してみました。「秋の夜」とでも名付けましょうか。

練り切り｜冬

寒牡丹

さまざまな技術を集約した、
練り切りの美しさを極める一輪

材料 ｜ **10個分**

練り切り生地 … 300g
- 白あん … 300g
- 白玉粉 … 9g
- 水 … 18cc

（作り方はP.15 ❶～❽参照）

白あん（中あん用）… 150g
食用色素・赤、緑、黄 … 各適量

この寒牡丹には、練り切り作りに必要なたくさんの技術が詰め込まれています。包みぼかし、茶巾しぼり、そしていろいろな道具を駆使したり。ですが、一つひとつの技術は難しくありません。できあがった美しい寒牡丹は、冬のおもてなしや手土産に最適。ぜひチャレンジしてみてください。

作り方

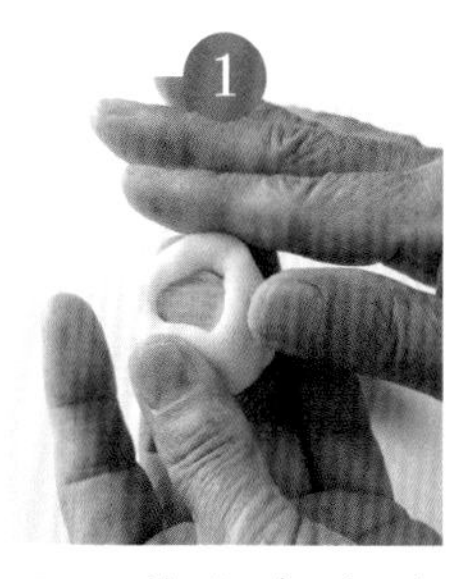
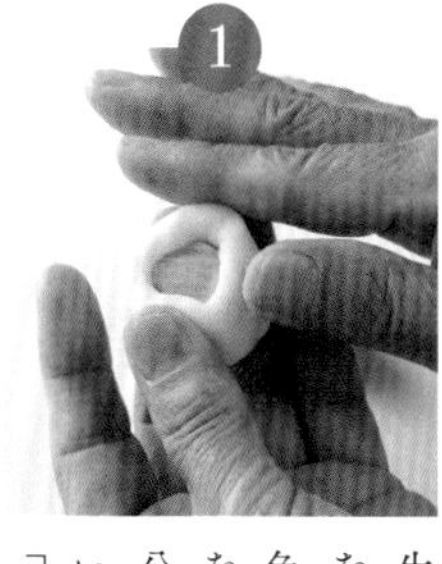

1
生地は50gを赤、30gを緑、20gを黄色に着色し、白い生地は20gを別に取りすべて10等分する。白い生地で赤い生地を包む（P.16「包あんのコツ」参照）。

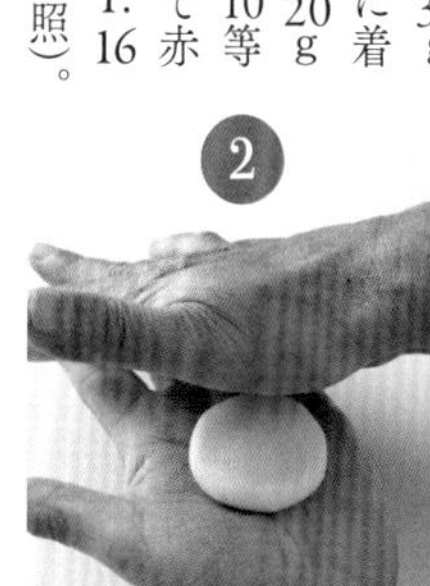
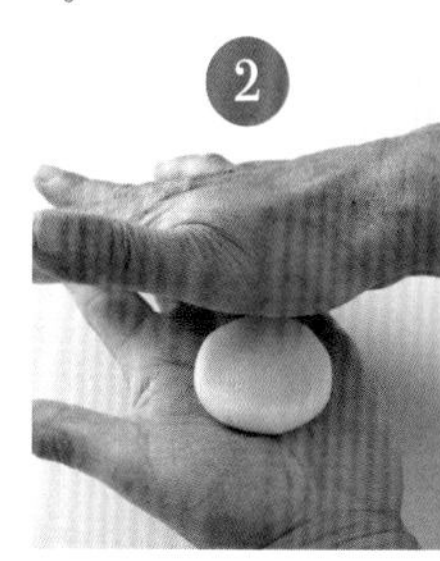
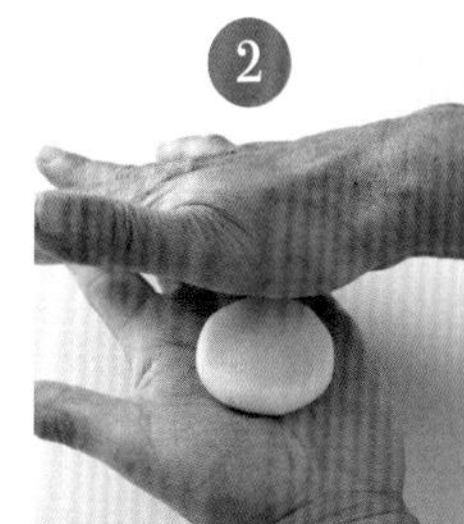

2
全体が包めたら、生地を平たく伸ばす。

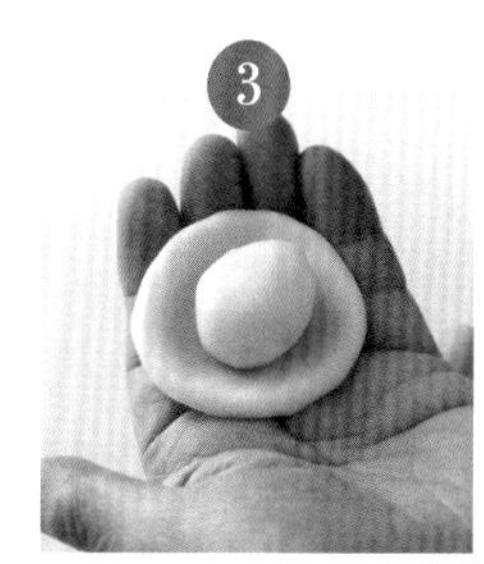

3
中あん用の白あんを10等分して丸め、❷の中央に置き、全体を包む（P.16「包あんのコツ」参照）。

牡丹は高さがあるほうがきれいに仕上がります

4
全体が包めたら丸く形を整え、手のひらをVの字にして挟んで気球のような形にして高さを出し、一度下に置く（P.16「包あんのコツ」参照）。

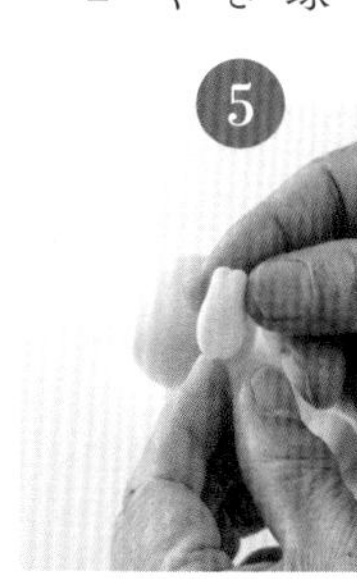

5
❶で別に分けておいた白い生地を10等分して丸めて平たくし、黄色い生地と合わせる。

6
緑の生地を平たく伸ばし、葉っぱの抜き型で抜いておく。

濡れ布巾の上で抜くとはがしやすい

7
❹の上を計量スプーン（大さじ）の底で押し、丸くへこませる。

8
❼のふちの部分を指でつまんで立ち上げる。

9
❺を目の細かいザルなどに押し付けて通す。

つぶさないように慎重に箸で取る

10
❾を箸の先で取り、花芯のように❽の上にのせる。

11
濡れ布巾で包み、親指、人差し指、中指の3本でしっかりねじって布巾のしぼり目を側面に付ける。

花芯の部分がつぶれないように、でもしっかりしぼり目を付ける

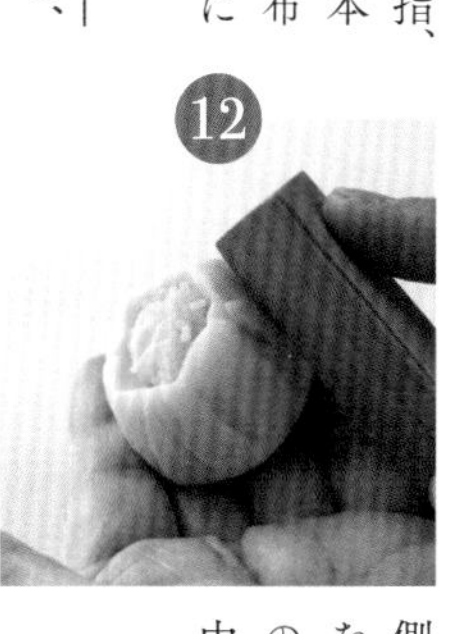

12
側面の上部分に❻の葉を貼り付け、三角ベラの一本筋の部分で真ん中に筋を付ける。

練り切り｜春・秋

若草(わかくさ)と初霜(はつしも)

二色の茶巾しぼり

茶巾しぼりなら、濡れ布巾で包んでキュッとしぼるだけで、簡単に形を作ることができます。包あんがあまり上手にできなかったときでも、茶巾しぼりにすれば、形が整えられるのでおすすめです。今回は色の組み合わせで春と秋を表現してみました。若草色と白で新緑、オレンジと黄色で紅葉など、組み合わせは無限。オリジナルの菓銘を考えてみるのも楽しいです。

色の組み合わせだけで季節を表現。
菓銘も自由につけてみて

材料 「若草」5個・「初霜」5個分

練り切り生地 … 250g
（作り方はP.15 ❶〜❽参照）
こしあん（中あん用）… 150g
食用色素・緑、赤、紫
… 各適量

秋・初霜

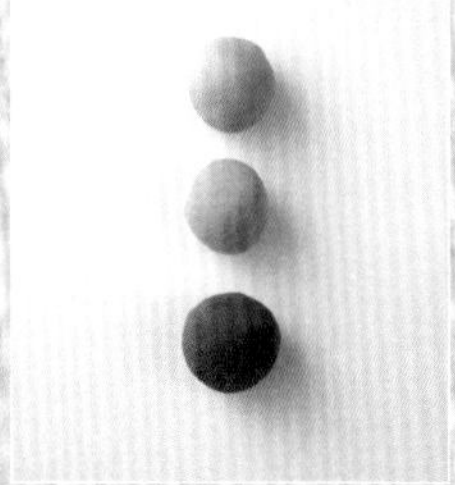
春・若草

作り方

濡れ布巾で拭くことで、離れにくくなります

1

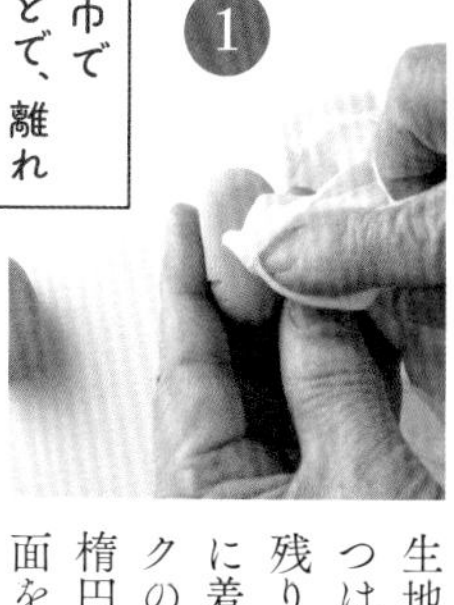

生地を4等分にし、1つは白の生地のまま、残りは緑、ピンク、紫に着色する。緑とピンクの生地を5等分して楕円に丸め、片方の側面を濡れ布巾で拭く。

2

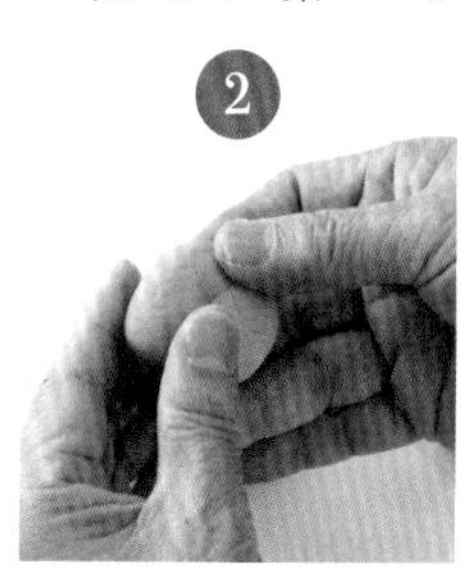

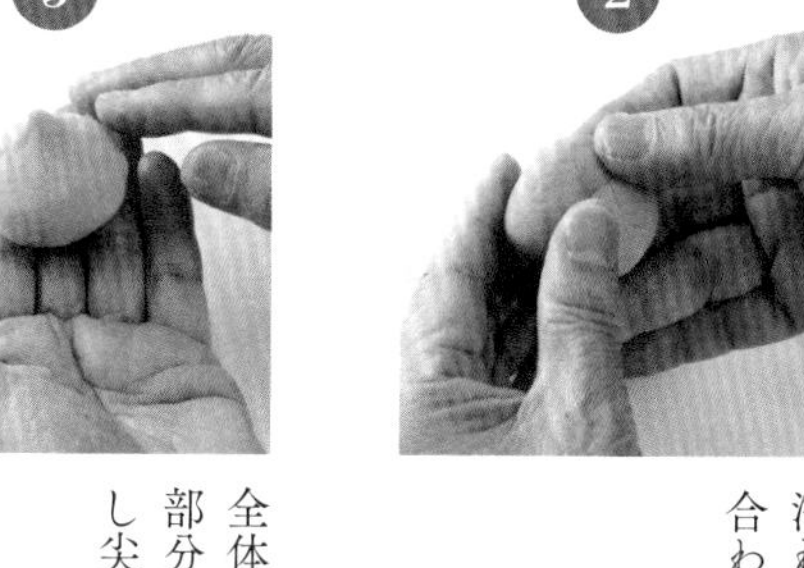

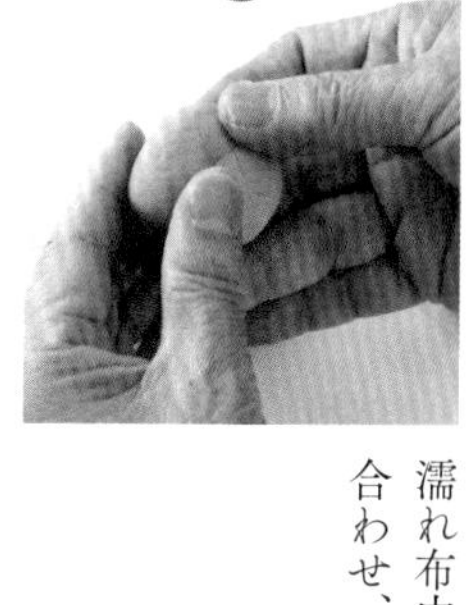

濡れ布巾で拭いた面を合わせ、形を整える。

3

生地を平たく伸ばす（P.16「包あんのコツ」参照）。

4

中あん用のこしあんを10等分して丸め、❸の中央に置き、全体を包む（P.16「包あんのコツ」参照）。

5

全体が包めたら、上の部分を指でつまんで少し尖らせる。

丸い栗のような形にするのがポイント！

6

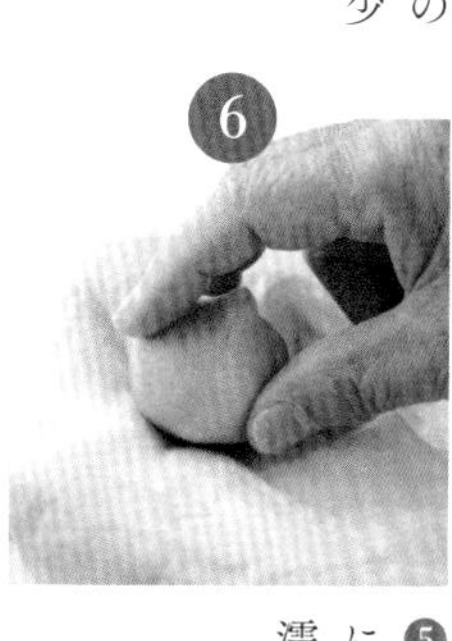

❺で尖らせたほうを上にして、かたく絞った濡れ布巾で包む。

7

親指、人差し指、中指の3本の指で、布巾をしっかりねじってしぼり上げる。

8

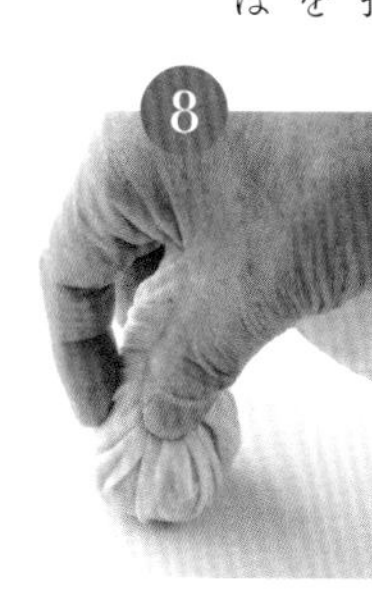

一度下に置いて押さえ、底の部分を平たくする。

9

布巾を張らせることで、しぼり目がきれいに

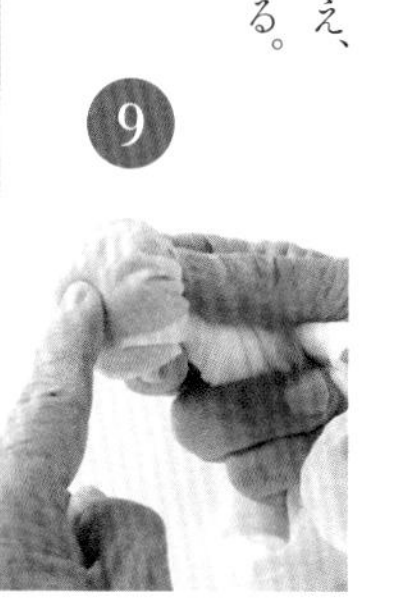

布巾の表面が張るように、底の中央の部分を軽く押す。

10

しぼり目を壊さないように気を付けて、布巾を広げる。「若草」ができた。

11

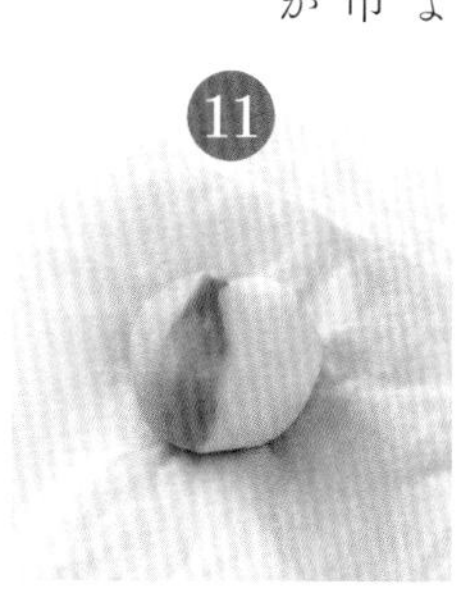

紫と白の生地を5等分して、❶〜❿と同様に「初霜」を作る。

やわらかなそぼろあんが
口の中ですっと溶ける

季節のきんとん

きんとんと言うと、皆さんおせちに入っている栗きんとんやさつまいものきんとんを思い浮かべるかもしれませんが、和菓子で言うきんとんは、少し違います。もともとは丸くかたまったものを意味していたようですが、現在は丸めたあんこの周りに、そぼろ状に濾したあんこをお箸で付けたものをきんとんと呼んでいます。このそぼろのあんを付ける作業、なかなかコツがいるんです。私も人前で和菓子を作るときは、今でもきんとんが一番緊張します。

色の組み合わせ、菓銘はいかようにも

　きんとんの周りのそぼろあんは、短く切れないように、少しやわらかめにします。だから口の中ですっと溶けていく。この口溶けの良さがきんとんの特長です。形は皆ほぼ同じなので、季節感を表すのは主に色。そぼろのあんこを2色に付け分けたり、色を混ぜて付けたり、マーブル状のそぼろあんを作ったりと、その手法はさまざま。色の組み合わせは自由。菓銘も自由に付けて楽しみましょう。

きんとん—春

春霞（はるがすみ）

ピンクと白のそぼろあんで
遠く霞んだ桜を表現

遠くの山に煙るように見える桜の花を、ピンクと白のマーブル状のそぼろあんで表現しました。ピンク色は赤の色素で淡く着色するのがコツ。マーブル状のそぼろあんを作ることで、色ごとに分けることなく一度に付けられます。入学、卒業など春のお祝いの席にもおすすめのきんとんです。

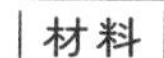

材料　10個分

白あん…250g
粒あん（中あん用）…150g
食用色素・赤…適量

作り方

1
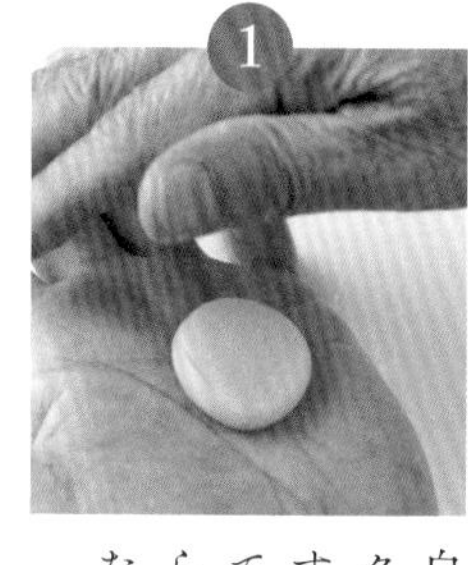
白あん150gをピンクに着色し、10等分にする。さらに2等分して、それぞれ丸めてから手のひらで押して平たくする。

2
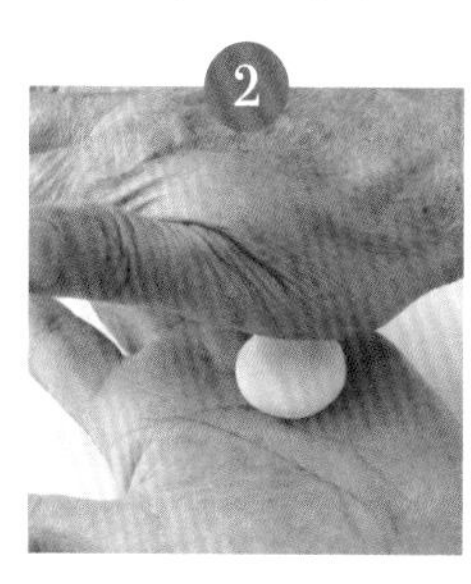
残りの白あんも10等分し、丸めて平たくする。

3
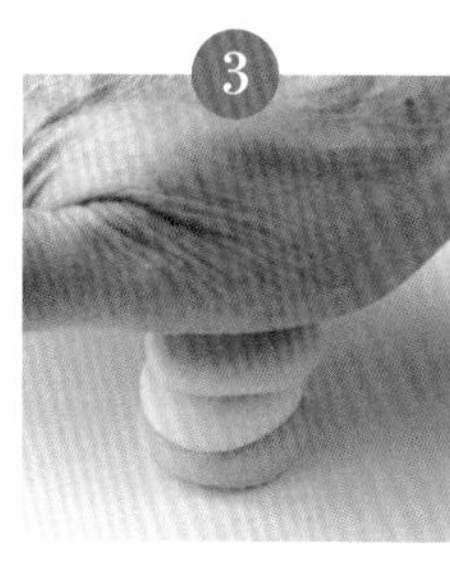
❶❷をピンク・白・ピンクの順で重ね、手のひらで軽く押してくっ付ける。

4

❸をきんとん通しの上にのせる。

5
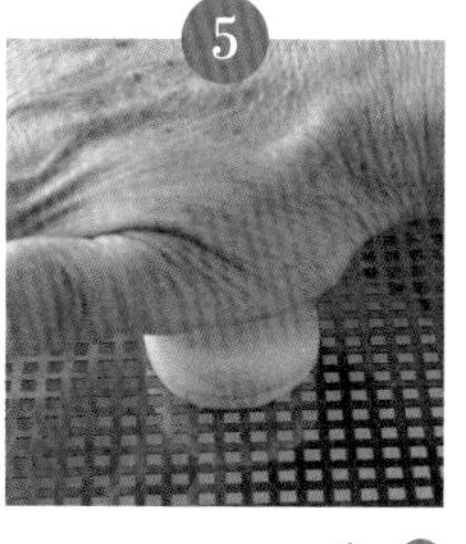
❹の真上から手のひらを当てて押す。

6
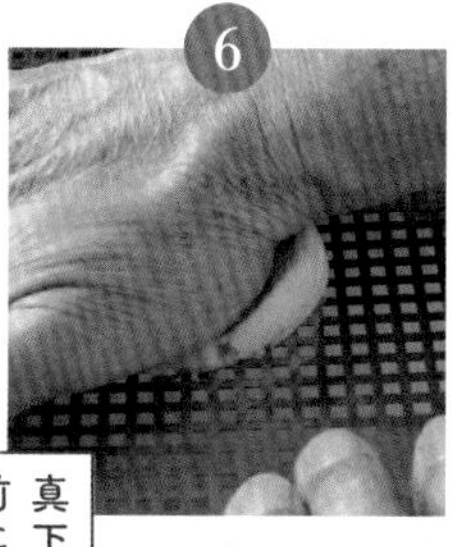
手のひらが真下についたら前に押し出すようにして、あんこを3等分するように3回に分けて濾していく。

真下に押してから、前に押し出すのがコツ！

7
3回に分けて通す感じで

手の下にあんこの感触が無くなったら、一度きんとん通しから手を離す。これが1回目。

8
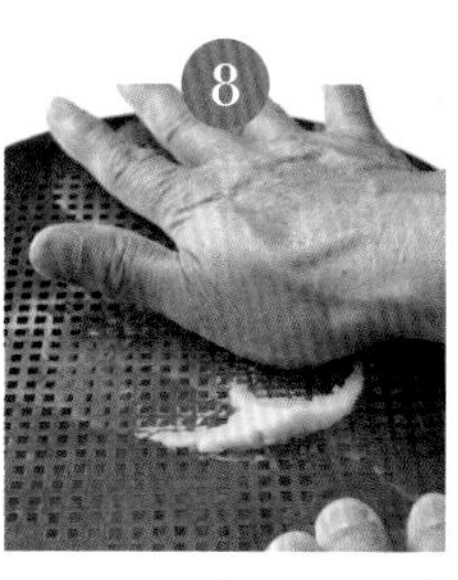
残ったあんこの上に手を当て同様に真下に押してから前に押し出す。2回目。

9
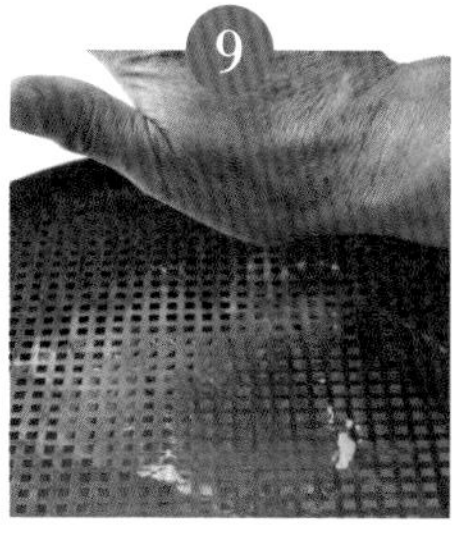
3回目できんとん通しの上のあんこが無くなるように押し出す。

次ページにつづく

作り方 つづき

10

こしたあんこは、写真のようなそぼろ状に。

11

中あん用の粒あんを10等分して丸め、そぼろにしたあんの周りに散らばった細かいあんをまとめるように、下側に少し付ける。

下にそぼろあんを付けると、置いたときに安定します

12

細い箸の先でそぼろあんを潰さないようにやさしく取り、丸めた粒あんの側面下側から少しずつ付けていく。

濡れ布巾で箸を湿らせるとあんが付きやすい

13

側面下側の部分に一周そぼろあんを付ける。

14

徐々に⑬で付けた上の部分にそぼろあんを付けていく。

そぼろあんを付けるときは少しずつ!

15

側面にそぼろあんが付いたら、上の部分にものせる。

16

隙間を埋めるようにそぼろあんをまんべんなく付ける。

そぼろあんをつぶさないようにそっと

17

全体にそぼろあんが付いたらできあがり。

きんとん通しの押し方にコツがあります!

きんとん通しにあんこを押し付けるときに、あんこが薄かったり細かく何度も押すと、そぼろが短く切れてしまい、重なってくっ付いてしまいます。長くきれいなそぼろを作るには、真下に押してから前に押し出すのがコツ! また、あんこが乾燥するとぼそぼそと短いそぼろになってしまうので、残っているあんこは濡れ布巾で包んでおきましょう。

OK　NG

きんとんの染め分け方

色だけで季節を表すことの多いきんとんには、いくつかの染め分け方があります。基本はこの3つ。基本を押さえて自分なりにアレンジしてみましょう。

2色染め分け

場所を分け、色を変えてそぼろあんを付ける方法です。ここでは左右で染め分けましたが、上下の染め分けもあります。

2色のあんこをそれぞれきんとん通しでそぼろにする。

真ん中半分から左に1色を、右にもう1色のそぼろあんを付ける。

2色ランダム

2色のそぼろあんを場所を分けずにランダムに付ける方法です。

2色のあんこをきんとん通しでそぼろ状にし、少しずつ、交互に規則性無く付けていく。

バランスを見ながら、側面に一周付け、さらに上にものせていく。

マーブル

そぼろあん自体をマーブルにして全体に付ける方法です。

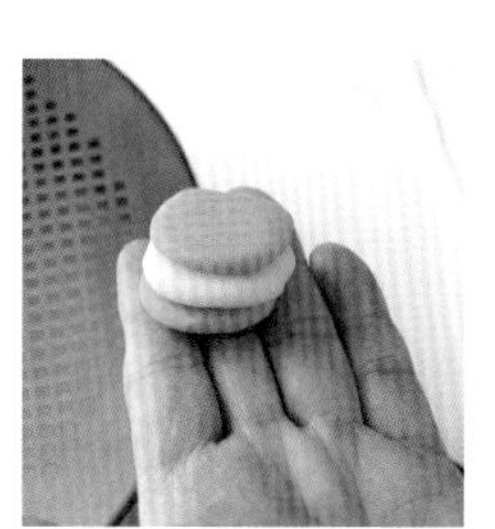

2色のあんこをマカロンのように重ねて軽く押し、きんとん通しでそぼろにする。

できたそぼろを丸めた中あん全体に付ける。

きんとん―夏

天の川（あまのがわ）

散らしたブルーの寒天が涼し気な、
夏色のきんとん

色で抽象的に季節を表現することが多いきんとんですが、細かく切った寒天や、型抜きした練り切り生地をあしらうことで、表現の幅が広がります。ここでは、薄い水色のそぼろあんに青く染めた寒天を散らし、夏の夜空を表現しました。透明な寒天に清涼感が感じられる、夏におすすめのきんとんです。

材料 10個分

白あん … 250g
粒あん（中あん用）… 150g
食用色素・青 … 適量
色寒天・青 … 適量

作り方

1
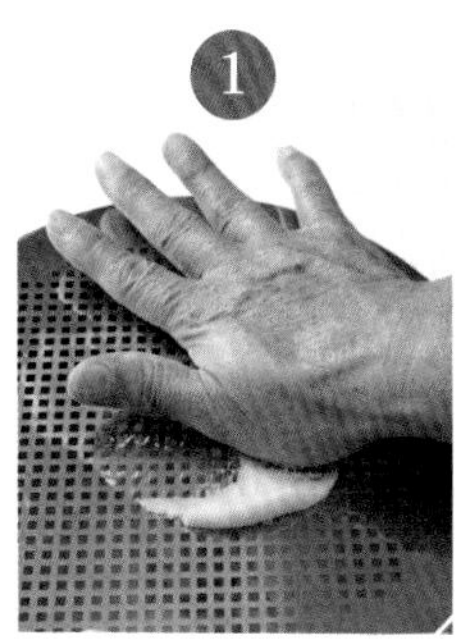
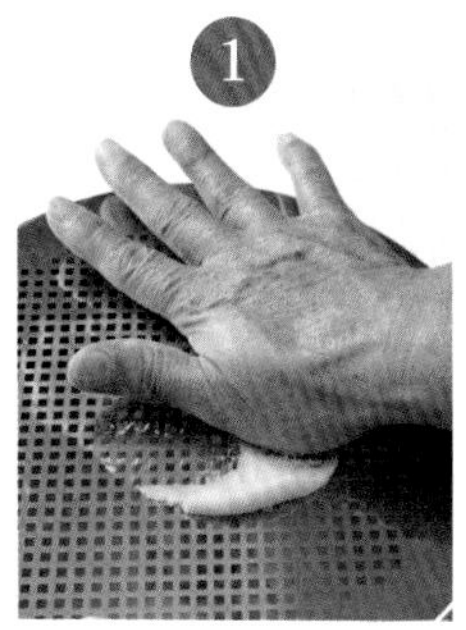
白あんを水色に着色して10等分し、きんとん通しでそぼろあんにする（P.35作り方❹〜❾参照）。

2
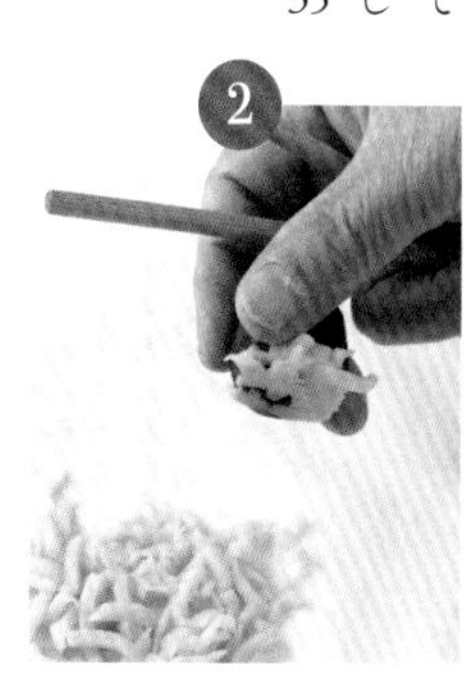
中あん用の粒あんを10等分して丸め、そぼろにしたあんを下側に少し付けて安定させる。

3
細い箸の先でそぼろあんを取り、❷の側面下側から少しずつ付けていく。

4

徐々に❸の上の部分にそぼろあんを付けていく。

5
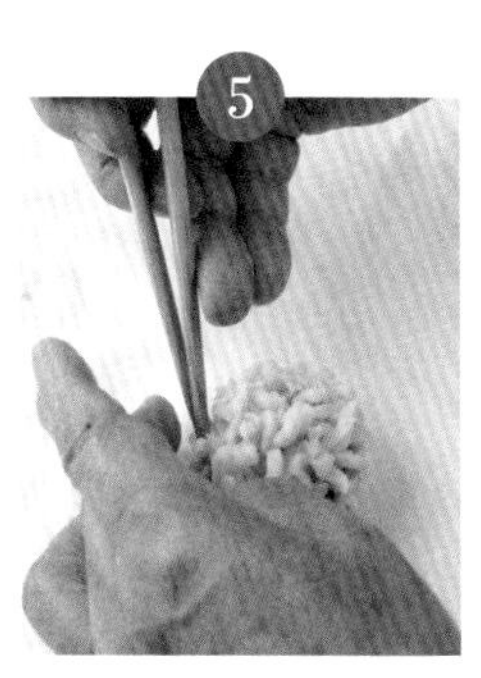
側面にそぼろあんが付いたら、上の部分にも隙間無くのせる。

箸でそぼろ状にしたあんをつぶさないよう、気を付けて

6

3㎜角ぐらいに細かく切った色寒天を、箸で❺の上にランダムに置く。

7
全体に色寒天をのせたらできあがり。

色寒天は好みの色で作りましょう

色寒天ののせ方に決まりはありません。好きな色の色寒天を作って自由に散らしてみましょう。ここでは10個分として、糸寒天5g、グラニュー糖300g、水あめ10gを150ccの水で煮溶かしたものを使っています。食用色素は青を少し。バットなどに薄く広げて固め、細かく切って使いましょう。今回は青の色寒天を使いましたが、緑や透明のものなど何色かを交ぜて使ってもきれいです。

きんとん｜夏

向日葵（ひまわり）

見た人を笑顔にする、
おいしく咲かせた夏の一輪

花の形を具象化した、少し珍しいきんとんです。中のあんをひまわりの種の部分に見立て、黄色い花びらをそぼろあんで作りました。ふだん和菓子にあまり興味を示さないお子さまや、外国の方にも喜んでいただけるきんとんです。

材料 10個分

白あん … 250g
こしあん（中あん用）… 150g
食用色素・黄、緑
… 各適量

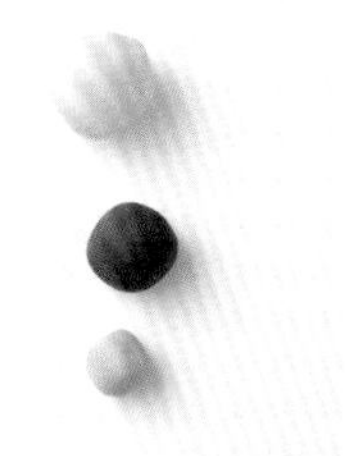

作り方

1 中あん用のこしあんを10等分して丸め、三角ベラの一本筋の部分を使って横に5～6本筋を入れる。

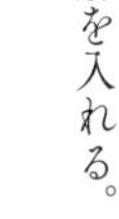

2 手の上で❶を90度回し、格子状になるように先ほどの筋に直角に5～6本筋を入れ、碁盤の目のような模様を作る。

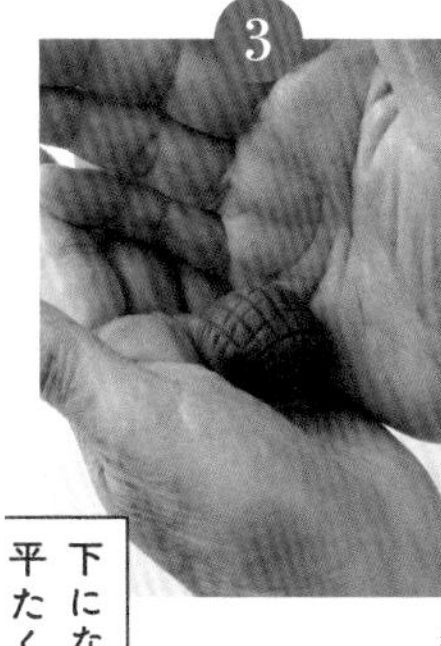

3 手のひらで形を整える。

下になる部分を少し平たくしておきます

4 白あん230gを黄色に着色して10等分し、きんとん通しでそぼろあんにする（P.35作り方❹～❾参照）。

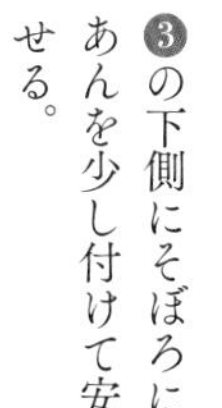

5 ❸の下側にそぼろにしたあんを少し付けて安定させる。

6 細い箸の先でそぼろあんを取り、❺の周囲に少しずつ付けていく。

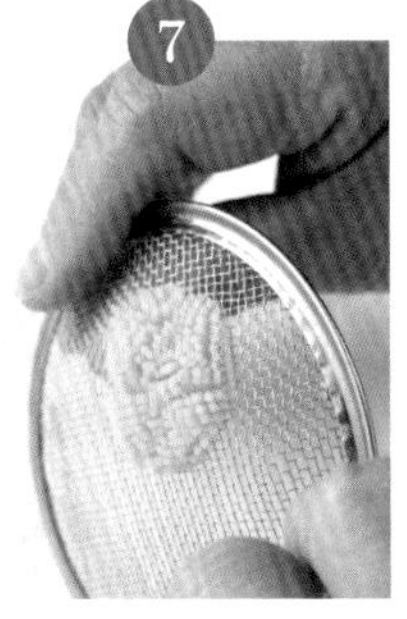

7 残しておいた白あん20gを緑に着色し、10等分して目の細かいザルなどで通す。

8 ❼を箸先で取り、葉のイメージで❻の端にのせる。

きんとん―秋

深山(みやま)のしらせ

遠くに見える山の頂から、
初雪の便りが届きました

晩秋の頃、山の頂にはすでに初雪が。そんな、もうすぐやってくる冬の知らせを思わせる菓銘のきんとんです。中には粒あんを、そぼろあんには、こしあんと白あんをそのまま使っています。今回は着色した緑のそぼろあんもあしらいましたが、こしあんと白あんだけでシンプルに深山を表現してもいいと思います。

材料 10個分

こしあん… 160g
白あん… 100g
粒あん（中あん用）… 150g
食用色素・緑… 適量

作り方

1. こしあんを10等分し、さらに2等分して丸め、手のひらで押して平たくする。白あん80gも10等分して同様に平たくし、こしあんで白あんを挟む。

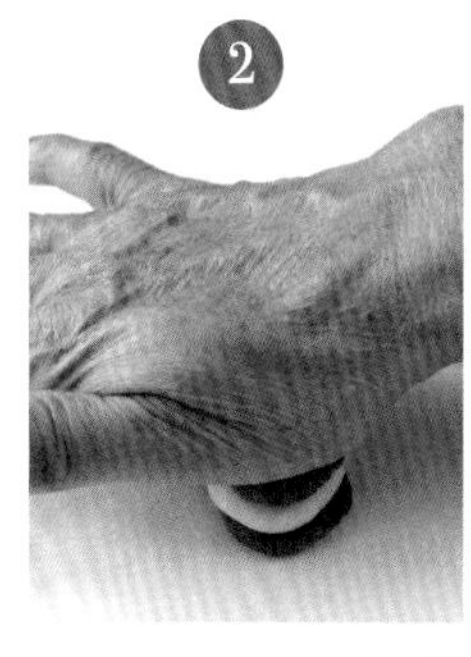

2. 手のひらで軽く押してくっ付ける。

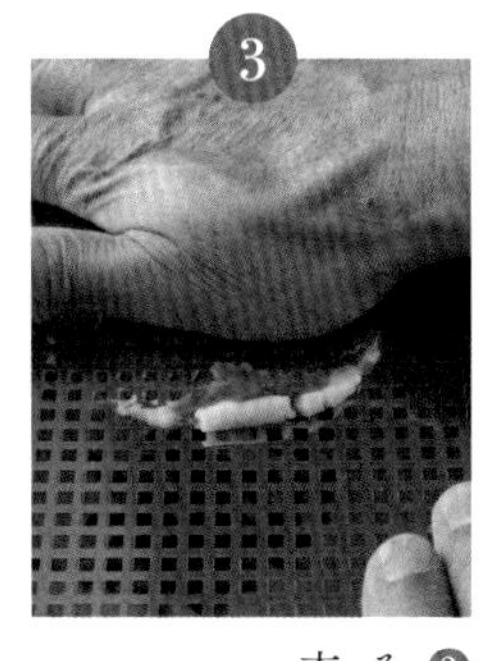

3. ❷をきんとん通しでそぼろあんにする（P.35作り方❹〜❾参照）。

4. 中あん用の粒あんを10等分して丸め、下側にそぼろにしたあんを少し付けて安定させる。

5. 細い箸の先でそぼろあんを取り、❹の側面下側から少しずつ付けていく。

6. 側面にそぼろあんが付いたら、上の部分にも隙間無くのせる。

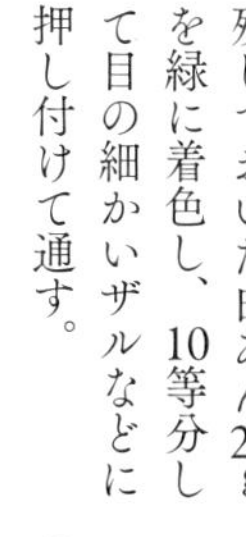

7. 残しておいた白あん20gを緑に着色し、10等分して目の細かいザルなどに押し付けて通す。

8. ❼を箸先で取り、❻の上にランダムにのせる。

きんとん―冬

雪峯（せっぽう）

凍てつく空気と、
雪を戴いた山の峯をきんとんで

水色と白のそぼろあんで、遠くに見える雪を戴いた峯を、オブラートの粉でダイヤモンドダストのように細かく舞う雪を表現しました。白あんの着色はごくごく淡い水色にするのがポイントです。季節の風景を切り取り、色使いで抽象的に表現する。そこがきんとんを作る面白さかもしれません。

材料 10個分

白あん … 250g
こしあん（中あん用）… 150g
食用色素・青 … 適量
オブラートの粉 … 少々

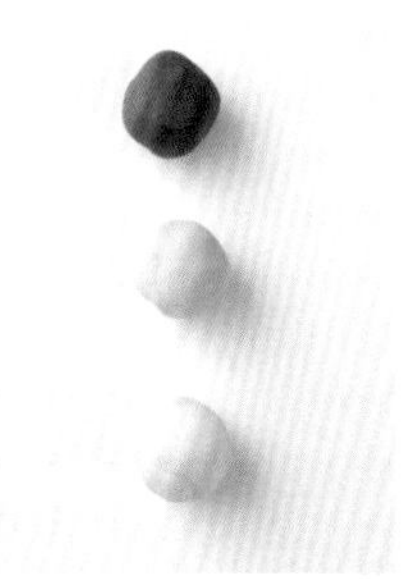

作り方

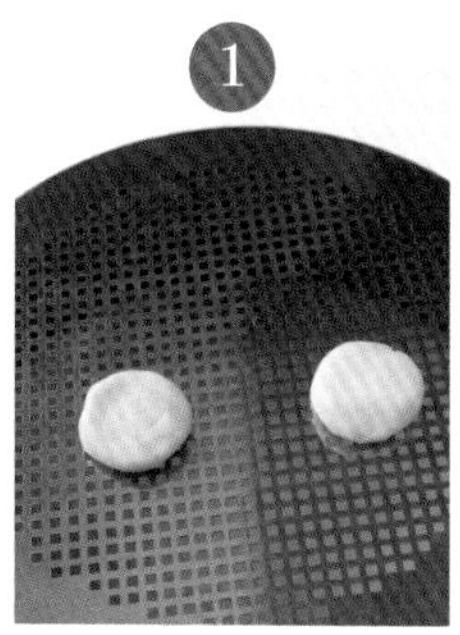

1 白あんの半量を水色に着色し、白いままのあんとそれぞれ10等分にして丸め、平たくする。

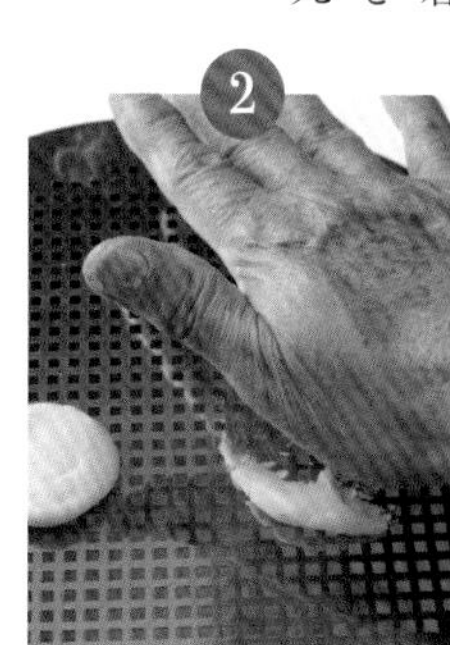
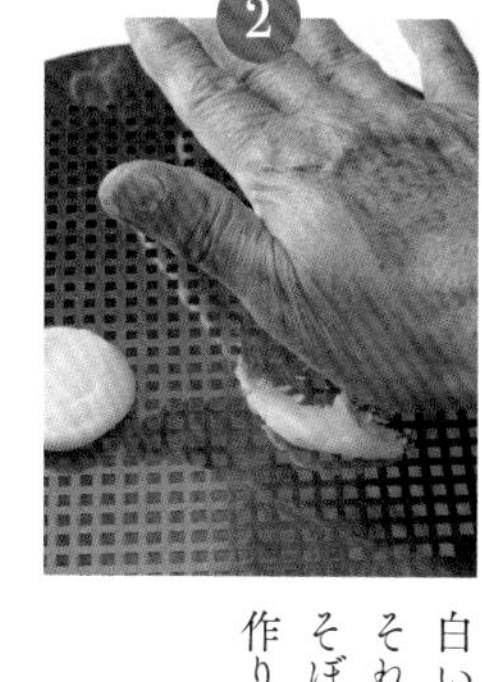

2 白いあんと水色のあんを、それぞれきんとん通しでそぼろあんにする（P.35作り方❹〜❾参照）。

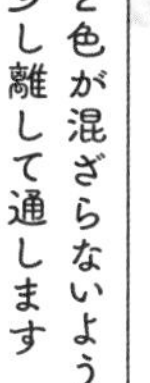

3 白と水色、2色のそぼろあんができた。

2色が混ざらないように、少し離して通します

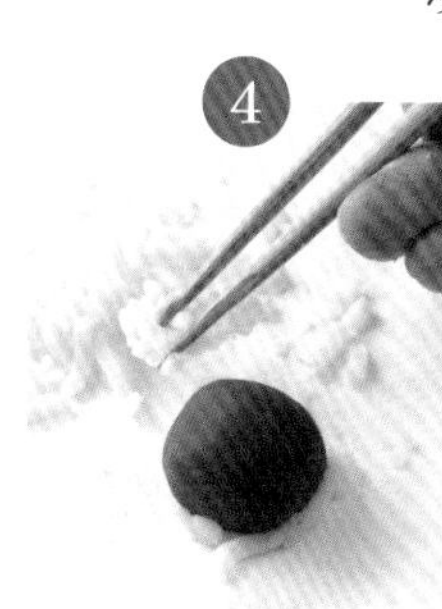

4 中あん用のこしあんを10等分して丸め、下側にそぼろにしたあんを少し付けて安定させる。

5 細い箸の先でそぼろあんを取り、❹の側面下側から少しずつ付けていく。

2色のそぼろあんをランダムに付けるのがポイント！

6 側面にそぼろあんが付いたら、上の部分にも隙間無くのせる。

7 筆の先にオブラートの粉を付け、筆をたたくようにして、❻の上から粉を散らす。

オブラートの粉、これがさりげなくいい仕事をするんです

オブラートに粉状のものがあるって知ってますか？このオブラートの粉、和菓子を作るときにとってもいい仕事をしてくれるんです。朝露を表現したり、粉雪を表現したり。キラキラと光って華やかさも加えてくれる。オブラートの粉は和菓子作りの名わき役。製菓材料店で購入できます。

まんじゅう

薯蕷まんじゅう 紅葉とうさぎ

ふわっとお芋の香りがたつ、
少しだけかしこまったおまんじゅう

薯蕷は「とろろ」とも読み、とろろにできる大和芋、山芋、つくね芋などのことです。このお芋の粘り気を利用した皮で包んだのが薯蕷まんじゅう。今回は山芋パウダーを利用しました。蒸したてはもちろん、冷めてもふんわりお芋の香りを感じます。赤い生地を貼り付け、焼き印を押した紅葉と、筆でうさぎを描いた2種類を作りました。

材料 | **10個分**

山芋パウダー…30g
水…60cc
上白糖…140g
薯蕷粉（上用粉）…90g
こしあん（中あん用）…250g
食用色素・赤…適量

赤色の色素でうさぎを描いてみました。お祝い用に名前などを入れても

作り方

1

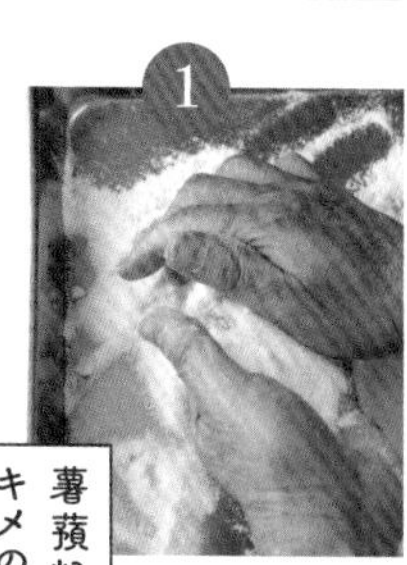
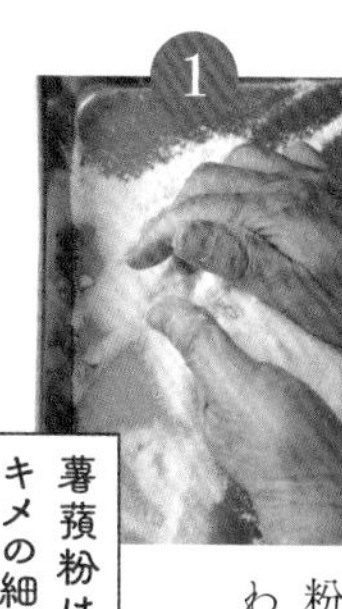

バットに上白糖と薯蕷粉を入れ、手でもみ合わせてよく混ぜる。

薯蕷粉は上新粉のキメの細かいもの。仕上がりもきれいです

2

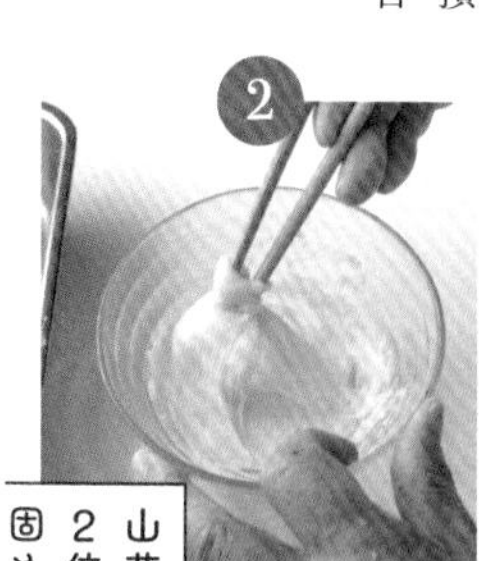

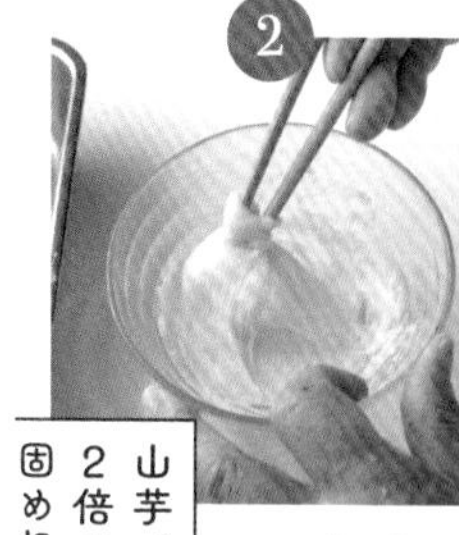

山芋パウダーに水を加え、粘り気が出るまでよく混ぜる。

山芋パウダーの2倍の水で少し固めにしています

3

❶の上に❷を置き、生地のコシを無くすように周りの粉を少しずつもみ込んでいく。

一度に粉を入れると生地が固くなるので、少しずつもみ込んで

4

生地を引っ張ると「パスッ」と音がして切れるのが目安

生地を手でちぎったときに「パスッ」と音がするまで、粉をもみ込む。バットの粉は少し残っていてもOK！

5

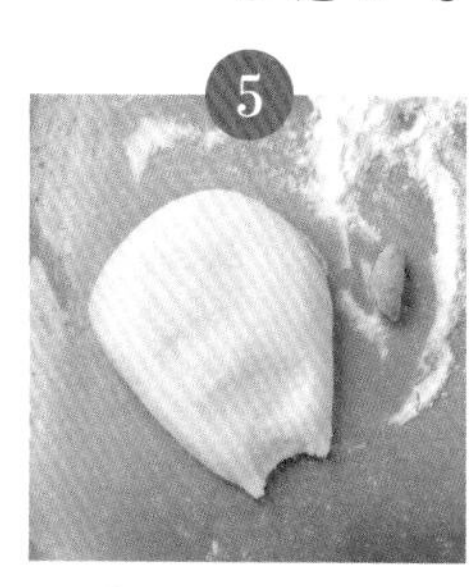
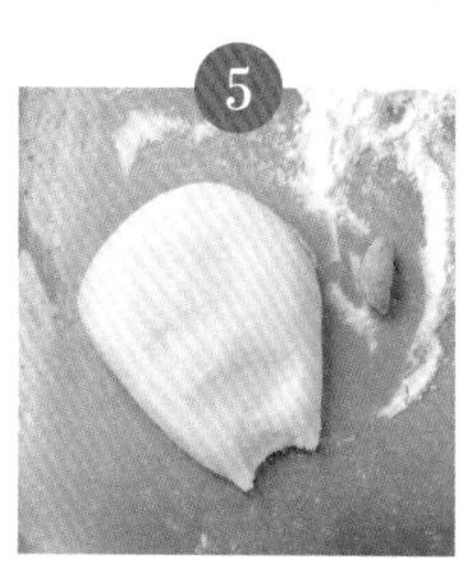
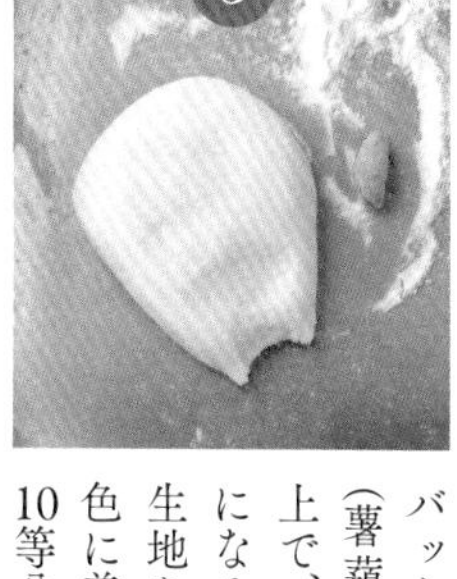
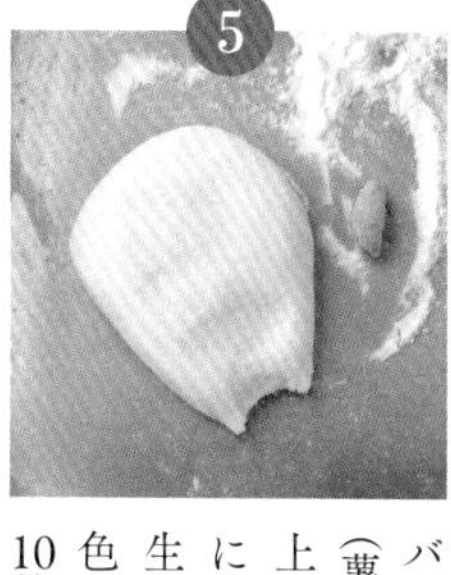

バットに入れた打ち粉（薯蕷粉・分量外）の上で、生地がなめらかになるまでもみ込む。生地を15gほどピンク色に着色し、それぞれ10等分する。

6

くっ付きやすいので、手粉に薯蕷粉（分量外）を使って

❺の白い生地を丸め、手のひらで押して平たくする。ピンク色の生地を真ん中にのせ、手のひらで押しながら平たく伸ばす。

7

熱が通りにくい底の部分をなるべく薄く仕上げます

10等分したこしあんを丸め、❻で包む（P.16「包あんのコツ」参照）。

8

ピンク色の生地が見えるように天地を返し、楕円に形を整える。

9

蒸し器に並べ、強めの中火で10分蒸す。

取り出すときは指先に食用油を付けるとくっ付かない

10

蒸し上がったら、コンロで熱した焼き印を押してできあがり。

焼き印の代わりに金串が使えます！

焼き印が無ければ、金串で代用することもできます。金串を焼いて、Vの字になるようにおまんじゅうに押し付ければ、松葉の模様に。写真のおまんじゅうは、松葉に合わせて、生地を緑に着色してみました。

まんじゅう

大島まんじゅう

蒸したての温泉まんじゅうを
家で食べられる幸せ

いわゆる温泉まんじゅうですが、和菓子の世界では大島まんじゅうと呼びます。これは皮に使っている黒砂糖の産地が奄美大島であることから。皆さん、温泉まんじゅうを食べるときに底って見たことありますか？　底の部分の皮はとても薄く作られています。これは蒸し器の湯気が底に当たらないので、熱の通りを少しでも良くするため。決して皮を惜しんでいるのではありません（笑）。

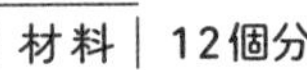

材料　12個分

黒砂糖…80g
水…30cc
重曹…2g
小麦粉（薄力粉）…90g
こしあん…300g
上新粉…適量

蒸し上がった大島まんじゅうの断面。底の皮が薄くなっています

作り方

この後小麦粉を入れるので、ボウルは大きめで

1 黒砂糖を細かく砕いて鍋に入れ、水を加えて水分がとばないよう弱火で煮溶かす。完全に溶けたらザルなどで裏ごししてボウルに移し、冷蔵庫で40分冷やす。

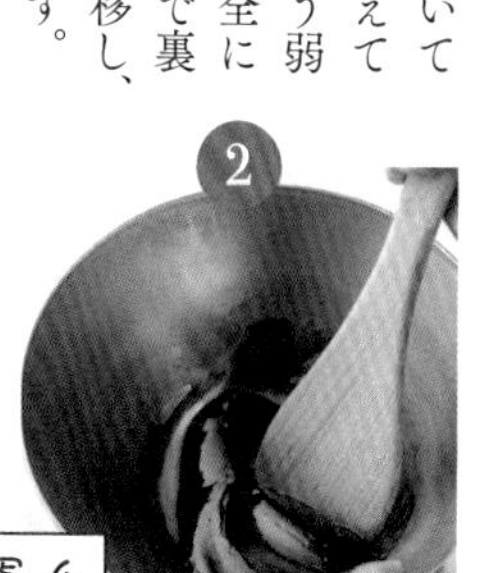
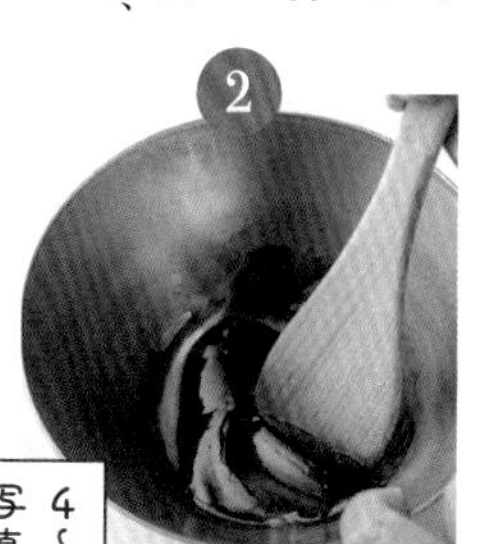
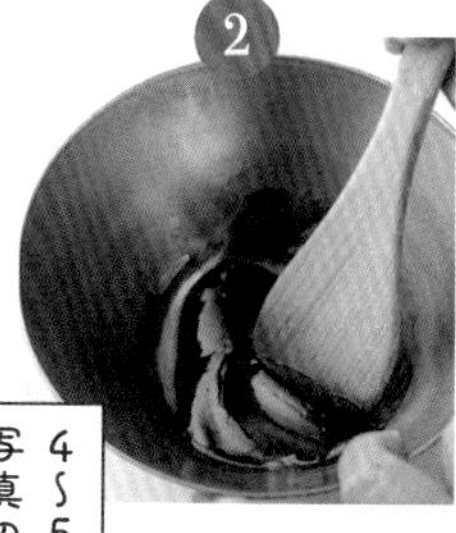

2 ❶が完全に冷めたら、3ccの水（分量外）で溶いた重曹を混ぜ、4～5分おく。

4～5分おくと、写真のような状態に

3 ❷に小麦粉を入れ、しゃもじで切るようにして混ぜ合わせる。

4 全体が均一に茶色くなるまで混ぜる。

小麦粉の粘りが出ないよう、切るように混ぜ続けます

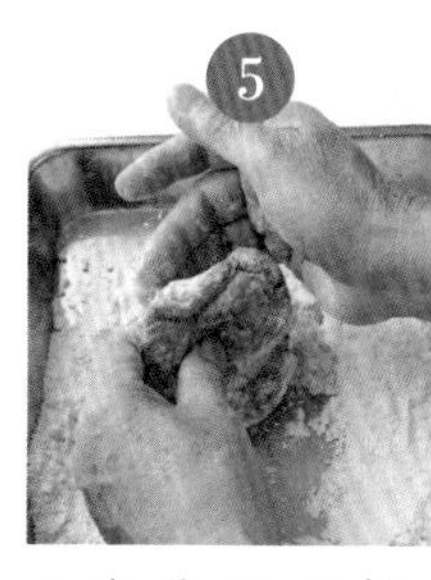
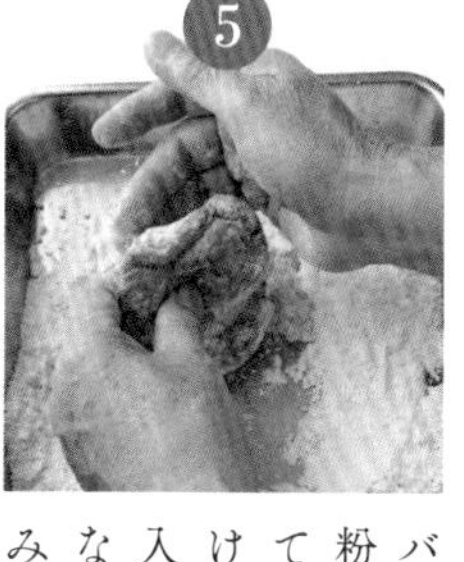
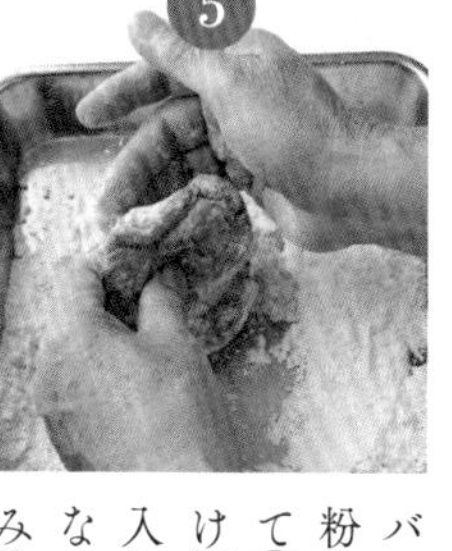
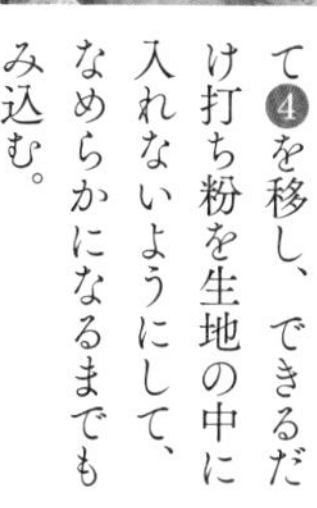

5 バットに打ち粉（小麦粉60g・分量外）をして❹を移し、できるだけ打ち粉を生地の中に入れないようにして、なめらかになるまでもみ込む。

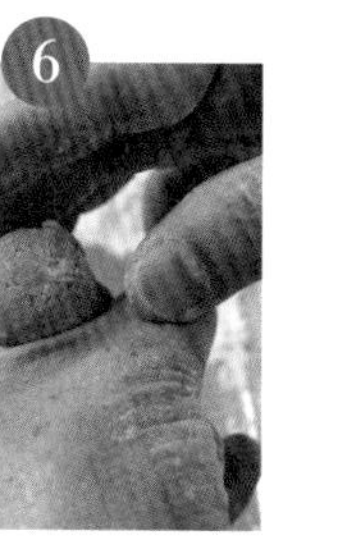

6 生地を親指と人差し指の間から丸く押し出すようにして、15gずつに分ける。

多少g数が前後しても大丈夫！

7 生地を手のひらで挟んで押し、指を使って平たく伸ばす。

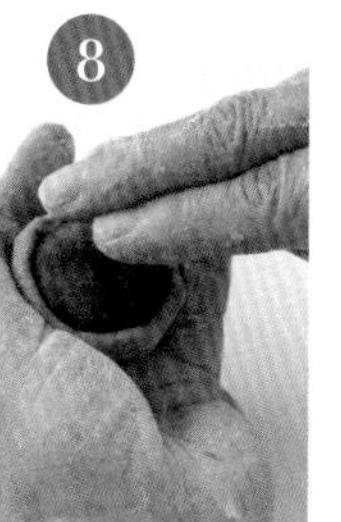
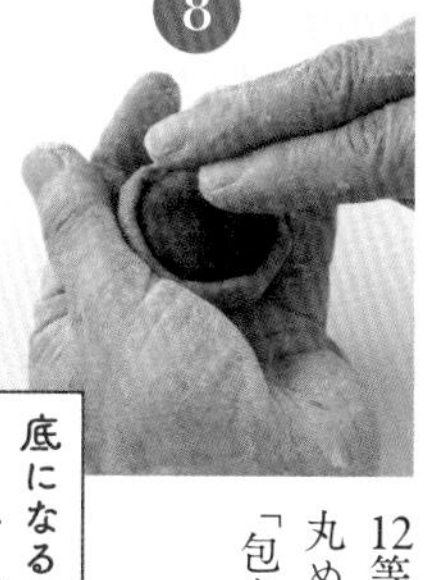

8 12等分したこしあんを丸め、❼で包む（P.16「包あんのコツ」参照）。

底になる部分の生地がなるべく薄くなるように包んで！

9 バットに上新粉を敷き、丸く形を整えた❽を並べる。

上新粉を付けておくと、蒸した後に取りやすくなります

10 おまんじゅうの底の部分をこするようにして、余分な上新粉を落とす。

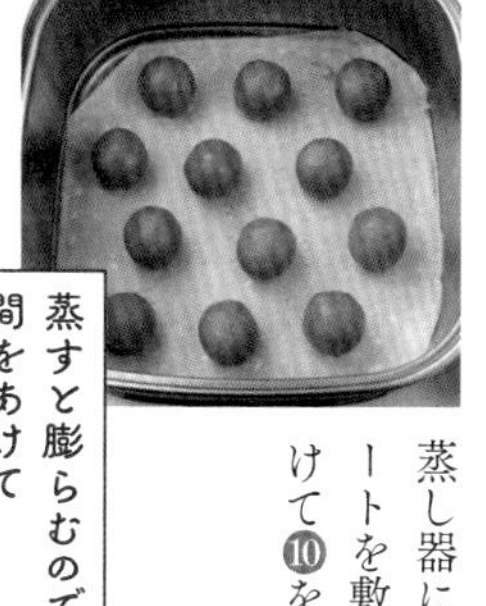

11 蒸し器にクッキングシートを敷き、間隔をあけて❿を並べる。

蒸すと膨らむので、間をあけて

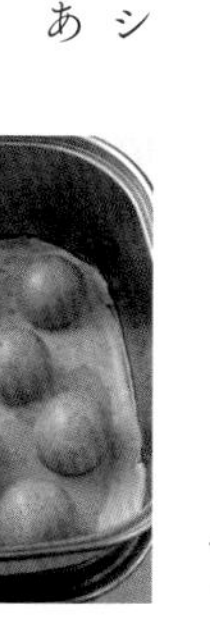

12 強めの中火で10分蒸したらできあがり。

取り出すときは指先に食用油を付けるとくっ付かない

外郎（ういろう）

花びら餅

お正月にいただく
宮中の伝統のお菓子

花びら餅は、宮中でお正月に出される菱葩（ひしはなびら）というお菓子がもとになっています。茶道の裏千家十一代御家元が、庶民も食べられるようにと宮中から許可をもらい、花びら餅として一般に売られるようになりました。今でも裏千家の初釜には花びら餅が供されています。花びら餅は、外郎、求肥、お餅と、お店によって生地が違うので、食べ比べてみるのもおもしろいかもしれません。

材料 10個分

上白糖 … 100g
上新粉 … 50g
もち粉 … 50g
水 … 120cc
味噌あん
- 白あん … 130g
- 白味噌 … 30g

蜜漬けゴボウ … 10本
食用色素・赤 … 適量
片栗粉 … 適量

作り方

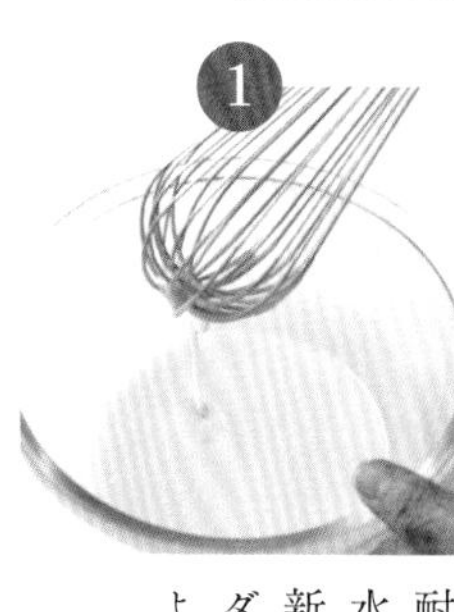
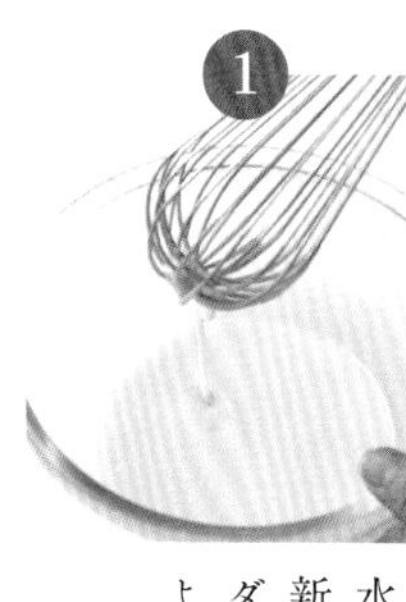

1 耐熱ボウルに上白糖と水を入れて混ぜる。上新粉ともち粉を加え、ダマができないようによく混ぜる。

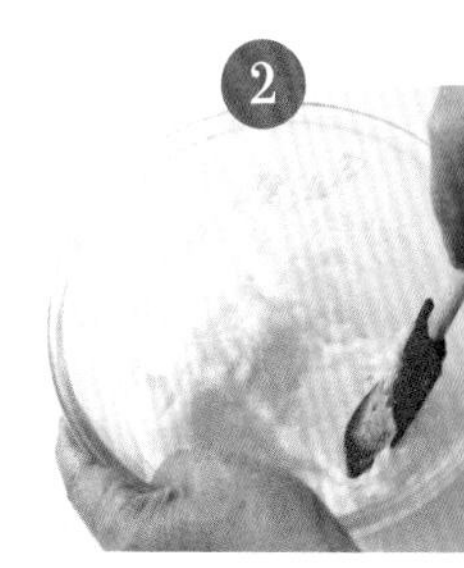

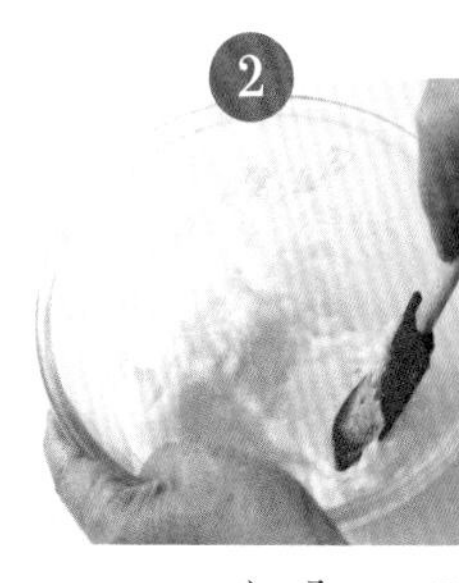
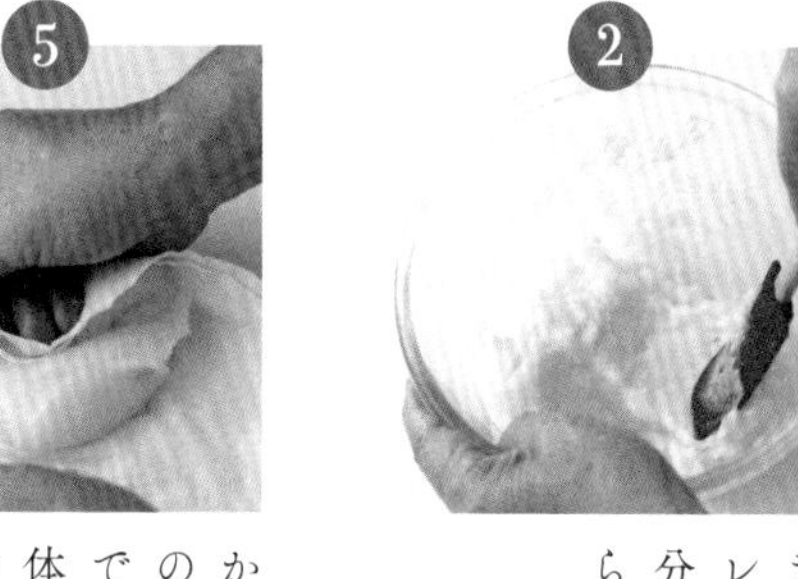

2 ラップをしないで電子レンジ（600W）で2分加熱する。レンジから出してよく混ぜる。

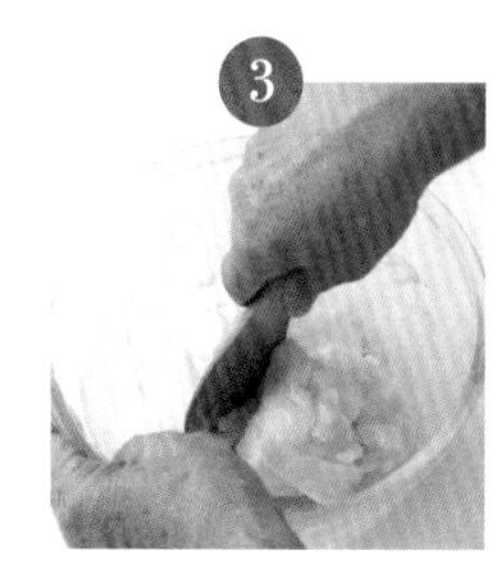

3 もう一度ラップをしないで電子レンジ（600W）で1分半加熱して取り出す。木べらで練り上げるように混ぜる。

4 全体が餅状になるまでよく混ぜる。

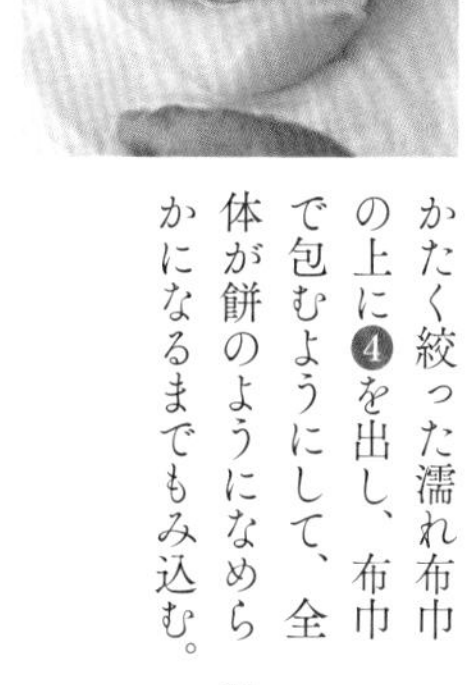

5 かたく絞った濡れ布巾の上に❹を出し、布巾で包むようにして、全体が餅のようになめらかになるまでもみ込む。

6 親指と人差し指で丸を作り、生地を押し出すようにして10等分し、片栗粉を敷いたバットの上に並べる。

手水（砂糖水）を付けると、生地が扱いやすい

このときは手にも片栗粉を付けて

7 バットの上で❻を手のひらで押して平たく伸ばし、さらに指を使って薄く広げる。

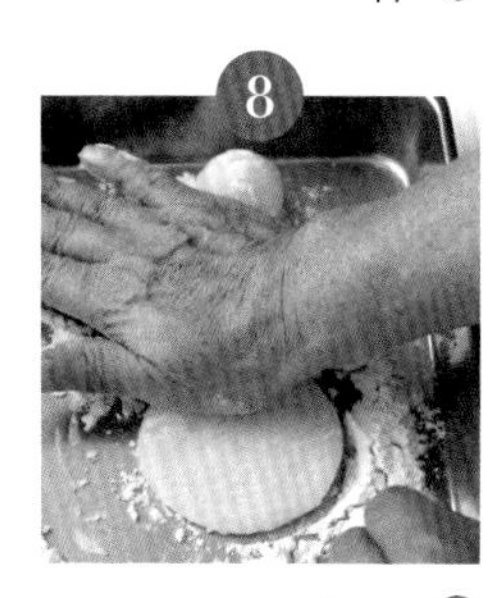

8 ❼をバットの上に戻し、さらに手で押して平たく伸ばす。

9 刷毛で余分な片栗粉を落とす。

淡い色を付けたいので、色素は少なめに

10 赤の食用色素を水適量（分量外）で溶く。

次ページにつづく

手水用に砂糖水を作っておきましょう

外郎生地は手にくっ付きやすいので、手水を付けて手を湿らせます。このときの手水用に砂糖水を作っておきましょう。ここで紹介しているような10個ほどのお菓子を作るなら、上白糖50gを50ccのお湯で溶かしておきます。水よりも砂糖水のほうが生地がくっ付きにくく、扱いやすくなります。

作り方 つづき

11

筆に⑩を付け、生地の真ん中の部分を赤く色付けする。

12

味噌あんを作り（P.53「味噌あんの作り方」参照）、10等分して俵形に丸める。

13

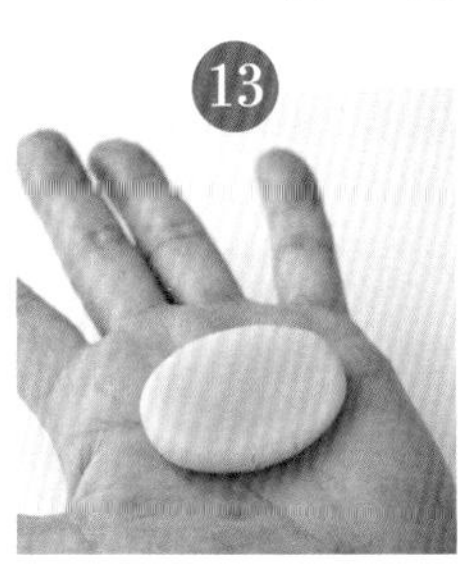

手のひらで押して平たく伸ばす。

14

⑬を縦に持ち、真ん中より少し手前に蜜漬けゴボウを置く。

ゴボウは皮の部分を奥に、切り口を手前に来るように置きます

15

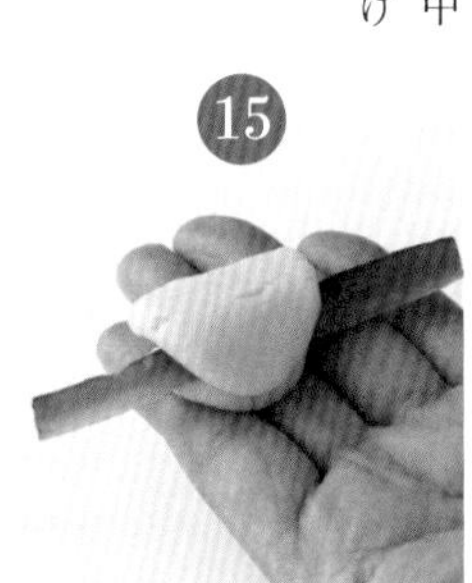

味噌あんを2つに折ってゴボウを挟む。

16

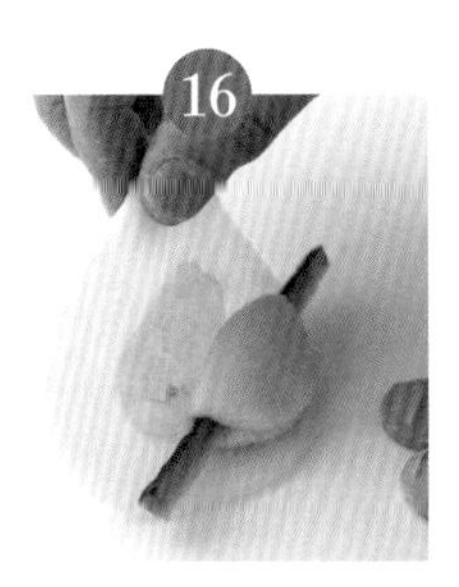

⑪の手前に⑮を置き、後ろから生地をかぶせるように挟む。

蜜漬けゴボウの作り方

1

ゴボウはよく洗い10㎝の長さに切る。皮付きのままやわらかくなるまで水適量で煮て、そのまま一晩おく。

途中アクを取りながら、25～30分じっくり煮て

2

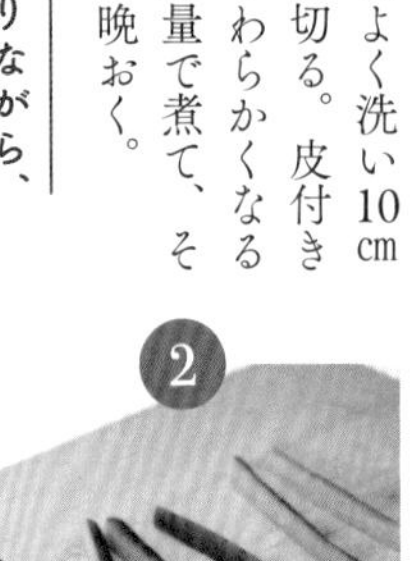

ゴボウを縦に4～6等分する。

6等分の場合は横の断面が扇形になるように放射状に切ります

3

鍋に水100cc、グラニュー糖100gを入れて火をつけ、グラニュー糖を溶かす。

4

グラニュー糖が溶けたら②のゴボウを鍋に入れて一度沸騰させ、火を止めて一晩おく。

5

ゴボウを取り出し、④の煮汁にグラニュー糖50gを加えて煮溶かす。

6

ゴボウを鍋に戻し、一度沸騰させて火を止め、もう一晩おく。

味噌あんの作り方

花びら餅に使う味噌あんの作り方です。白味噌のしょっぱさが、ゴボウや外郎生地の甘さを引き立ててくれます。白味噌はお好みのものを使ってください。

1. 白あん130gをラップ無しで電子レンジ（600W）で1分ほどあたため、白味噌30gをよく混ぜる。
2. ❶を乾いた布巾の上に出す。
3. 全体をもみ混ぜ、表面をなめらかにして、布巾で包む。
4. 冷蔵庫に入れて一晩おき、余計な水分をぬく。

黄身あんの作り方

P.58の薄衣に使う黄身あんの作り方です。コクのある黄身あんは、柏餅のあんに使っても、一味違うおいしさが味わえます。

1. 卵Mサイズ1個をゆで卵にし、黄身を裏ごしする。

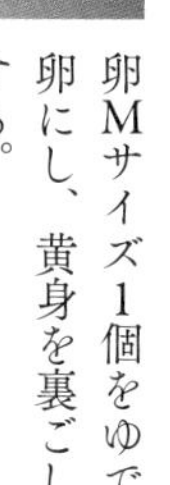

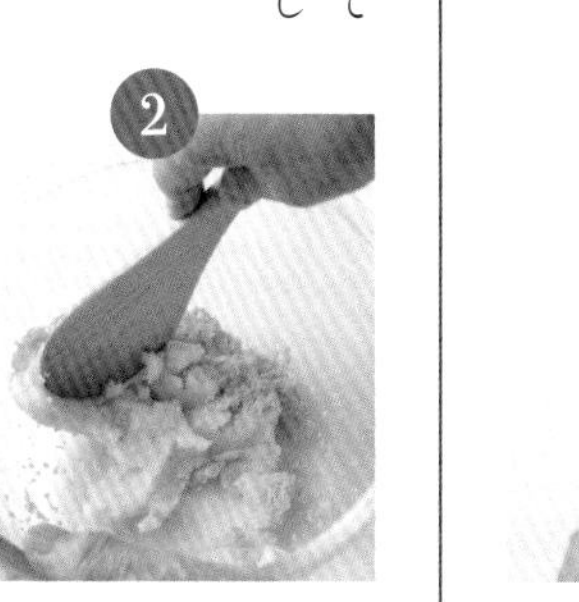

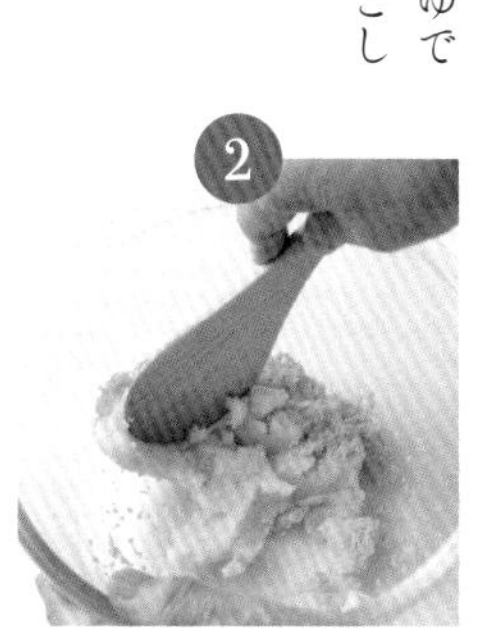

2. ラップ無しで電子レンジ（600W）で1分ほどあたためた白あん150gに❶を混ぜる。

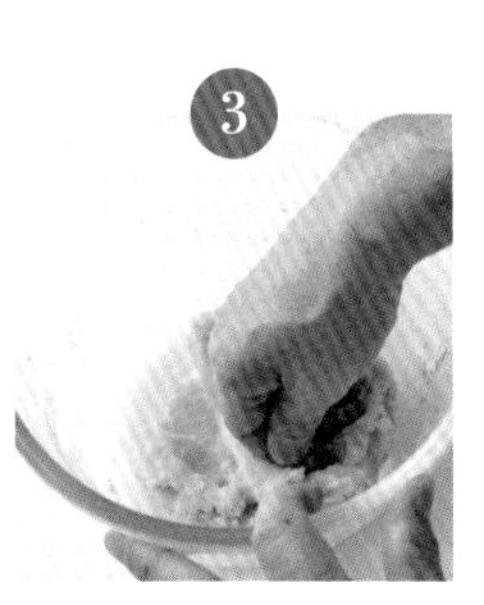

3. こぶしで押すようにして、卵の黄身を白あんによく混ぜ込む。

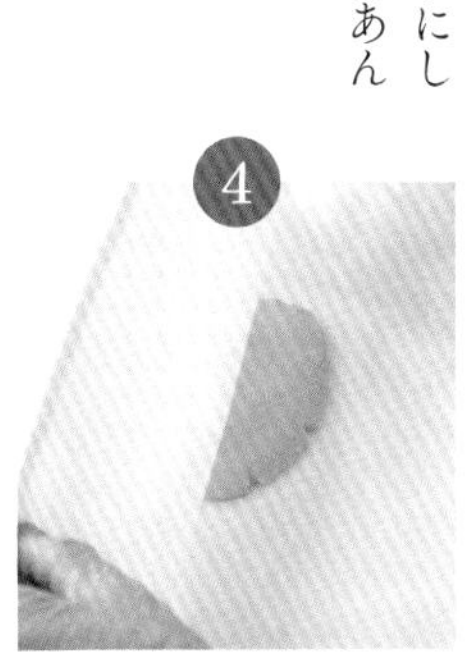

4. 表面をなめらかにして、乾いた布巾で包む。冷蔵庫に入れて一晩おき、余計な水分をぬく。

電子レンジでできる外郎生地なら、
簡単に草餅が作れます

外郎（ういろう）

草餅

上白糖にうるち米の粉である上新粉、もら米の粉のもち粉を混ぜて加熱し、もちもちとした食感の生地にしたものを外郎と呼びます。草餅は春のお菓子ですが、乾燥のヨモギと外郎生地なら、いつでも手軽に草餅を作ることができます。あんを包むのが面倒なら、餃子のように挟んだだけでもＯＫ。上新粉ともち粉各50ｇは、団子の粉１００ｇで代用が可能です。

材料 10個分

上白糖 … 100g
上新粉 … 50g
もち粉 … 50g
水 … 120cc
乾燥ヨモギ … 3g
粒あん（中あん用）… 150g
片栗粉 … 適量

作り方

1 乾燥ヨモギはひたひたのお湯（分量外）に1分ほどつけて、茶こしなどで濾してぎゅっと絞っておく。

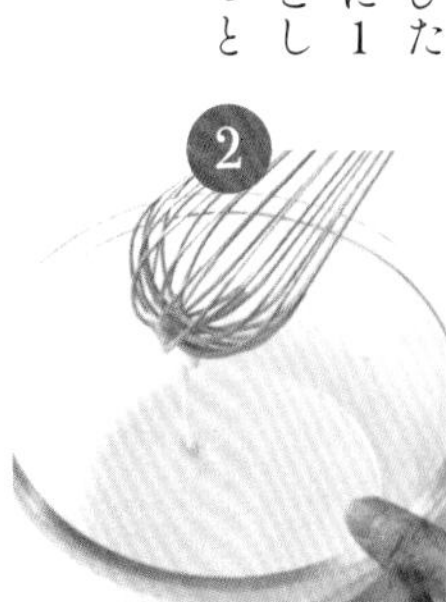
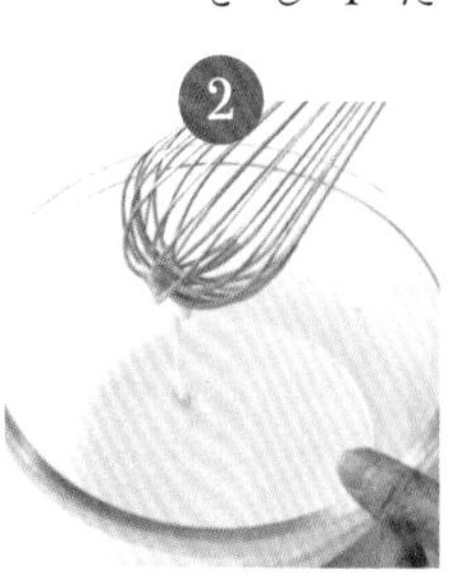
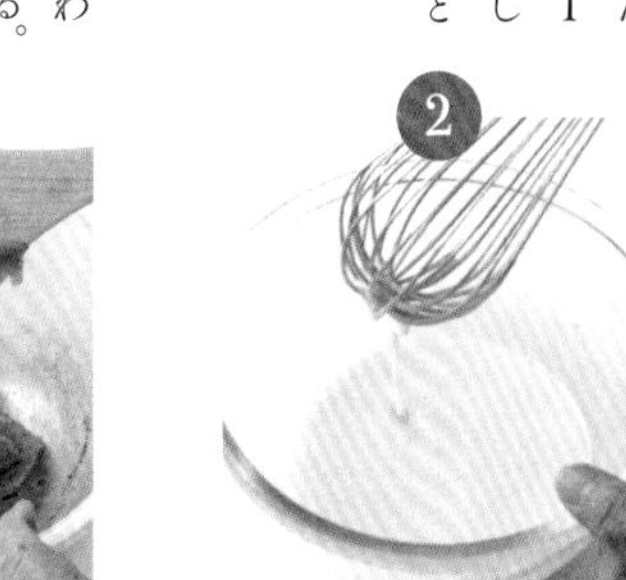

2 耐熱ボウルに上白糖と水を入れて混ぜる。上新粉ともち粉を加え、ダマができないようによく混ぜる。

3 ラップをしないで電子レンジ（600W）で2分加熱する。レンジから出して❶を加える。

4 ヨモギが全体に行きわたるよう、よく混ぜる。

写真のような色になるまでよく混ぜて

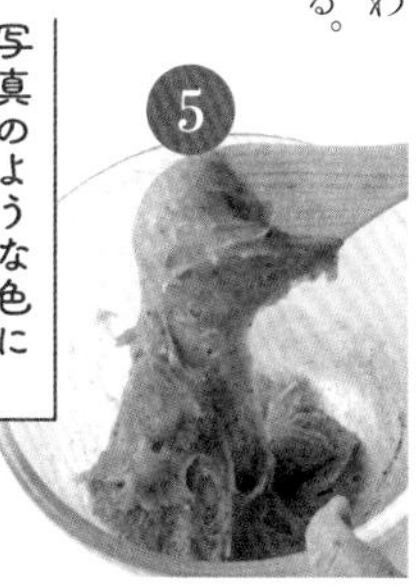
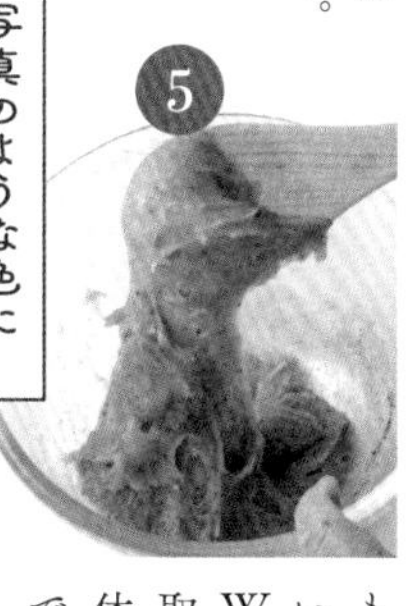

5 もう一度ラップをしないで電子レンジ（600W）で1分半加熱して取り出す。木べらで全体の色が均一になるまで、練り上げるようによく混ぜる。

6 ❺をかたく絞った濡れ布巾で包むようにして、全体が餅のようになめらかになるまでもみ込む。親指と人差し指で丸を作り、生地を押し出して10等分する。

生地が手に付かないよう、手水（砂糖水、P.51参照）をつけて

7 生地を平たく伸ばし、10等分して丸めた粒あんを包む（P.16「包あんのコツ」参照）。

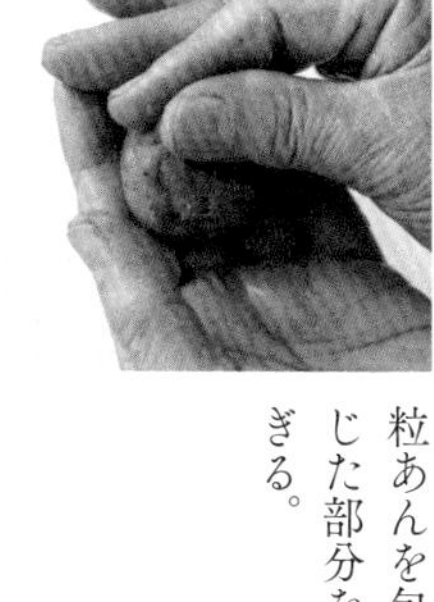

8 粒あんを包んだら、閉じた部分をつまんでちぎる。

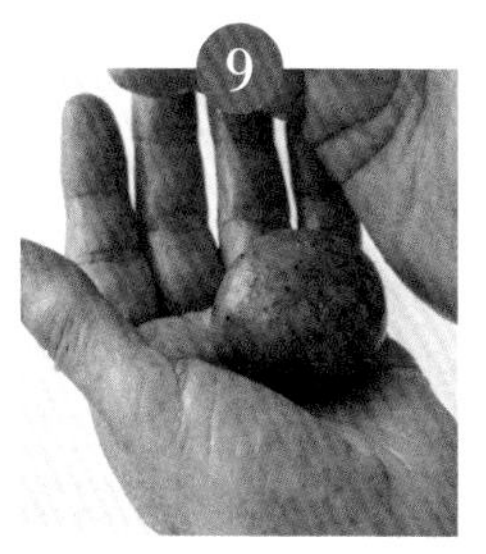

9 手のひらで形を丸く整える。

10 片栗粉を敷いたバットの上に❾を並べ、刷毛に片栗粉を付けてたたき、上から片栗粉をまぶす。

このときは手水を付けず、乾いた手で！

11 俵形に形を整える。

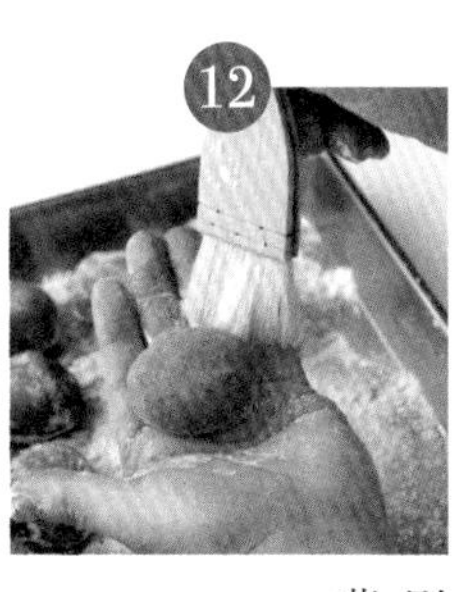

12 刷毛で余分な片栗粉を落としてできあがり。

外郎（ういろう）

いちご大福
マスカット大福

電子レンジで作る外郎生地なら、大福も家で簡単に作れます。フルーツを入れるときには、硬さと酸味のあるものが甘いあんとよく合います。あんもお好みですが、こしあんや粒あんだと小豆の味を先に感じてしまうので、私はフルーツの味を邪魔しない、やさしい味の白あんで作るのが好みです。

外郎生地で作る、
お手軽フルーツ大福

| 材料 | 10個分

上白糖…100g
上新粉…50g
もち粉…50g
水…120cc
白あん…100～150g
いちご（小粒のもの）…5個
シャインマスカット…5粒
片栗粉…適量

作り方

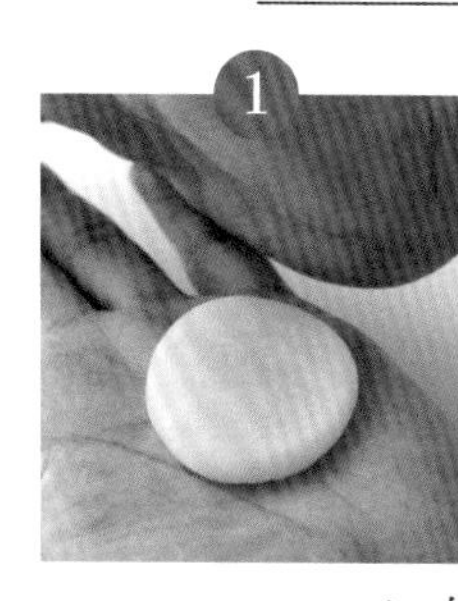

1 白あんを10等分して丸め、平たく伸ばす。

いちごの下の部分はしっかり包まれていなくても大丈夫！

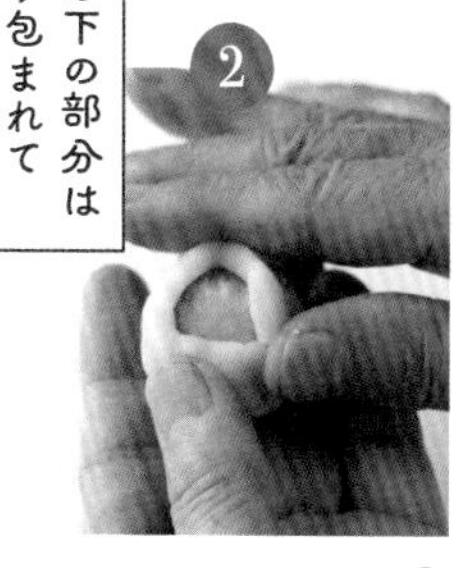

2 ❶の上にヘタをとったいちごの頭を下に向けてのせて包む（P.16「包あんのコツ」参照）。

3 手のひらで丸く形を整える。

4 シャインマスカットも頭を下にしてのせ、同様に包む。

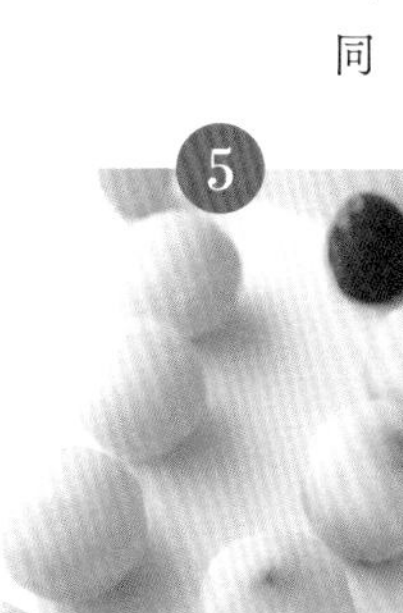

5 いちご5個、シャインマスカット5粒を同様に白あんで包んでおく。

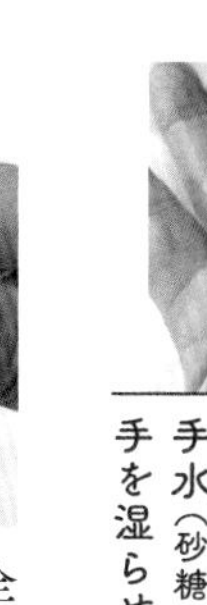

手水（砂糖水、P.51参照）で手を湿らせながら！

6 外郎生地を作り、10等分して丸める（P.51作り方❶〜❻参照）。

7 丸めた❻を手のひらで押し、指を使って平たく伸ばす。

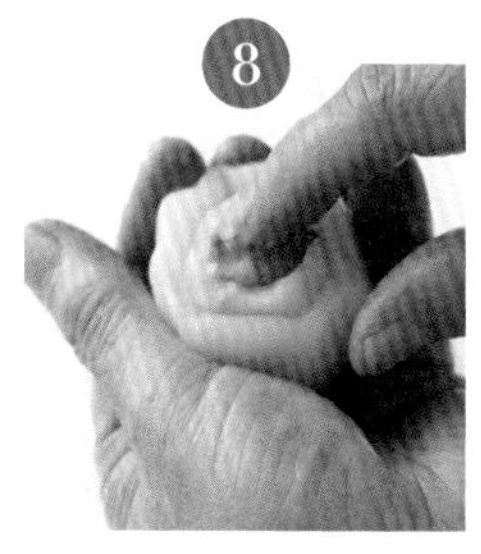

8 ❼の上に❺のいちごの頭を下に向けてのせ、包む（P.16「包あんのコツ」参照）。

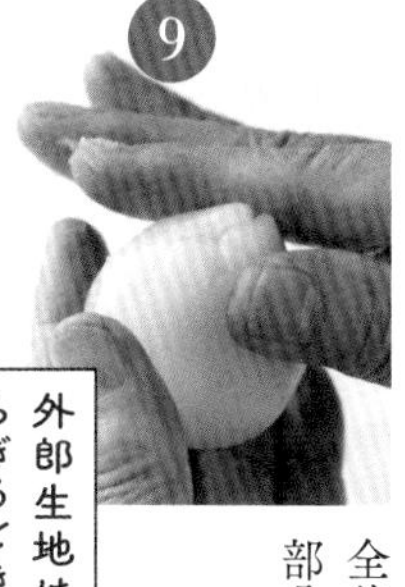

外郎生地はちぎるときれいに閉じられます

9 全体が包めたら閉じた部分を指でちぎる。

10 手のひらで丸く形を整える。❺のマスカットも同様に包む。

11 片栗粉を敷いたバットの上に❿を並べ、刷毛に片栗粉を付けてたたき、上から片栗粉をまぶす。

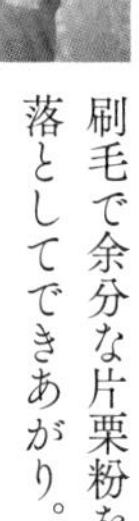

12 刷毛で余分な片栗粉を落としてできあがり。

外郎（ういろう）

薄衣（うすごろも）

薄く紫に色付けした外郎生地で、コクのある黄身あんを包んでみました。中に黄身あんを入れて生地をたたむだけなので、難しい技術もいりません。何かちょっと甘いものを作ってみようか、そんなときに気軽に作っていただける一品です。生地の色は季節や好みに合わせてアレンジしてみてください。

材料　**10個分**

上白糖 … 100g
上新粉 … 50g
もち粉 … 50g
水 … 120cc
黄身あん
- 白あん … 150g
- ゆで卵の黄身 … Mサイズ1個分

食用色素・紫 … 適量
片栗粉 … 適量

作り方

1

耐熱ボウルに上白糖と水を入れて混ぜ、少量の水で溶いた食用色素で色付けする。

色素は砂糖水に混ぜると全体に色が馴染みやすい

2

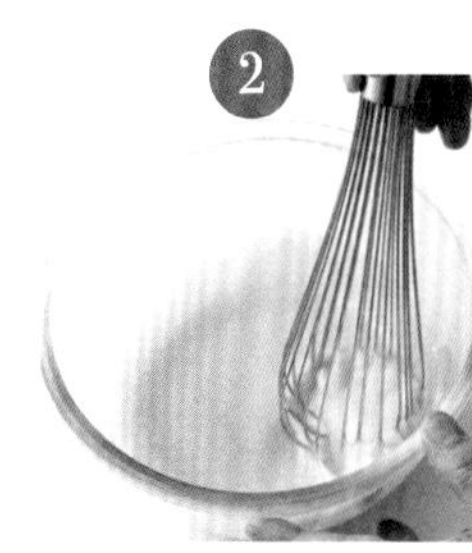

上新粉ともち粉を加え、ダマができないようによく混ぜる。

3

ラップをしないで電子レンジ（600W）で2分加熱する。レンジから出してよく混ぜる。

4

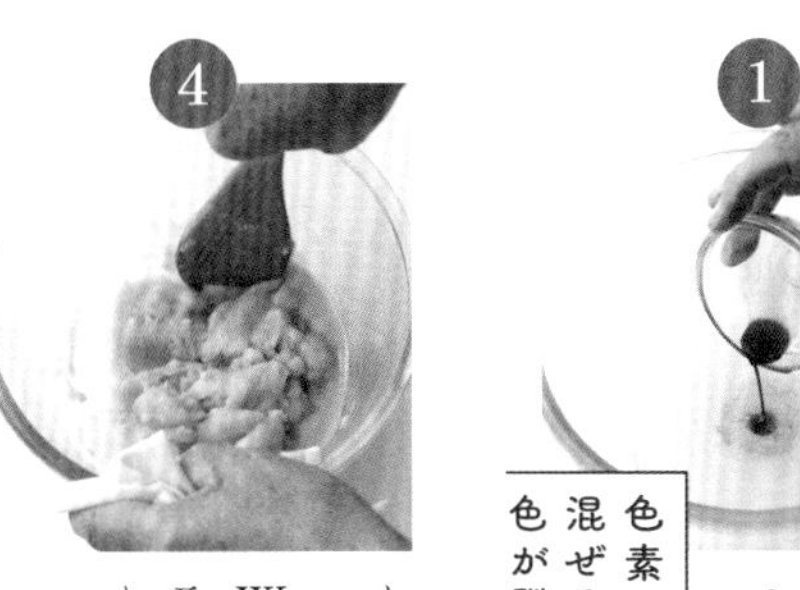

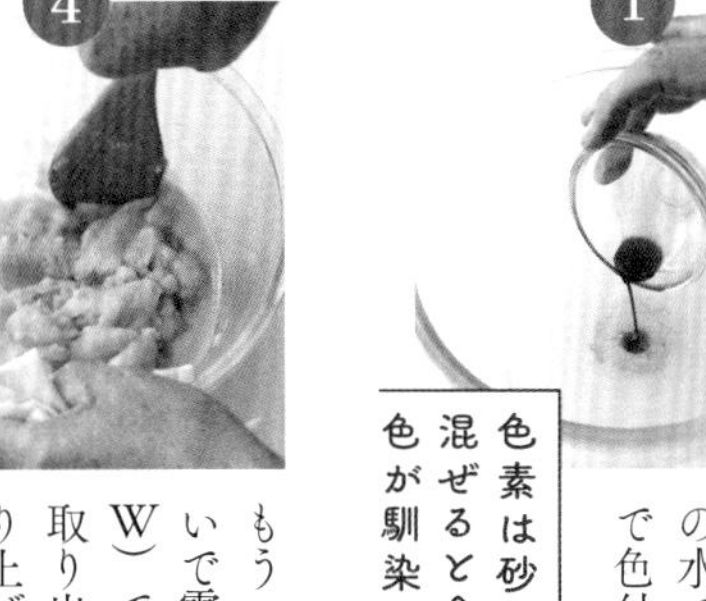

もう一度ラップをしないで電子レンジ（600W）で1分半加熱して取り出す。木べらで練り上げるように混ぜる。

5

かたく絞った濡れ布巾の上に❹を出し、布巾で包むようにして、なめらかになるまでもみ込む。

6

親指と人差し指で丸を作り、生地を押し出すようにして10等分し、片栗粉を敷いたバットの上に並べる。

手水（砂糖水、P.51参照）で手を湿らせながら！

7

刷毛に片栗粉を付けてたたき、上から片栗粉をまぶす。

8

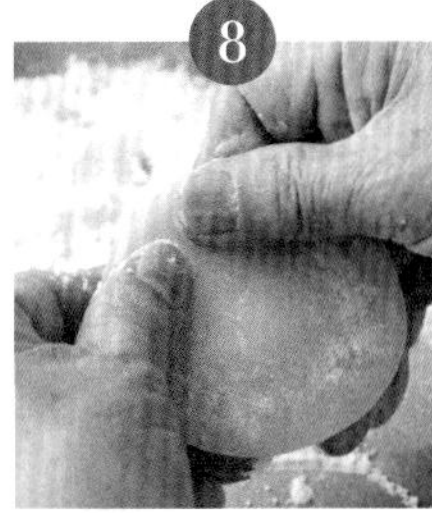

❼を手のひらで押し、指を使って押しながら平たく伸ばす。

9

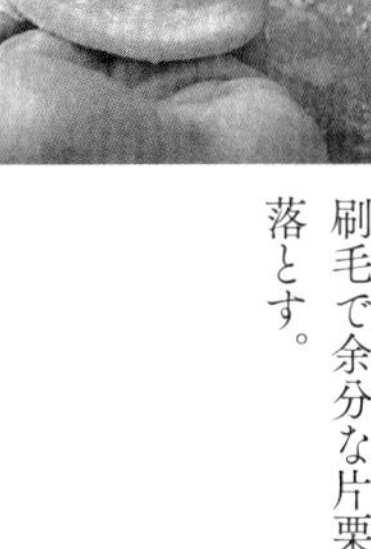

刷毛で余分な片栗粉を落とす。

10

黄身あんを作り（P.53「黄身あんの作り方」参照）、10等分して平たく丸める。外郎生地の右下にのせる。

11

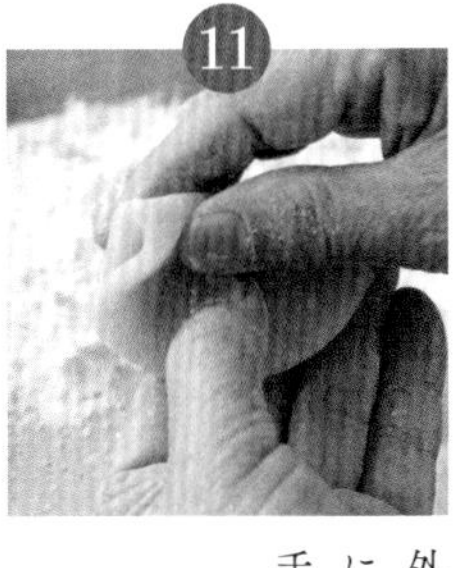

外郎生地を奥から手前に2つに折り、左端を手前に少し折る。

外郎（ういろう）

関西風柏餅

甘い外郎生地で作る、
関西風の柏餅です

関東と関西の柏餅が違うって、ご存じですか？ 関東の柏餅の皮は上新粉で作られており、甘くありません。一方、関西の柏餅は上新粉ともち粉を使い、甘く仕上げます。どちらかの柏餅しか知らない方がもう一方の柏餅を食べると、口に入れた瞬間、びっくりするかもしれません。ここで紹介するのは、外郎生地で作る関西風の柏餅です。皮が甘いので、中には塩気のある味噌あんを挟みました。

材料 10個分

上白糖 … 100g
上新粉 … 50g
もち粉 … 50g
水 … 120cc
味噌あん
- 白あん … 150g
- 白味噌 … 30g

柏葉 … 10枚

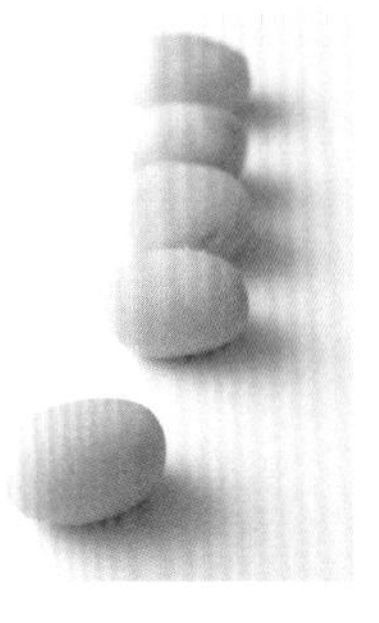

作り方

1

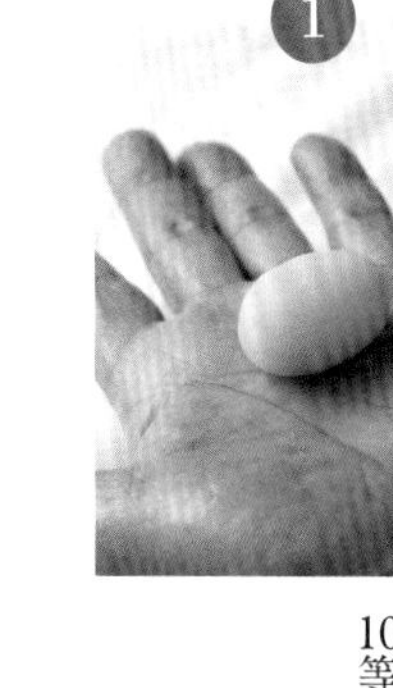

味噌あんを作り（P.53「味噌あんの作り方」参照）、10等分して俵形に丸める。

2

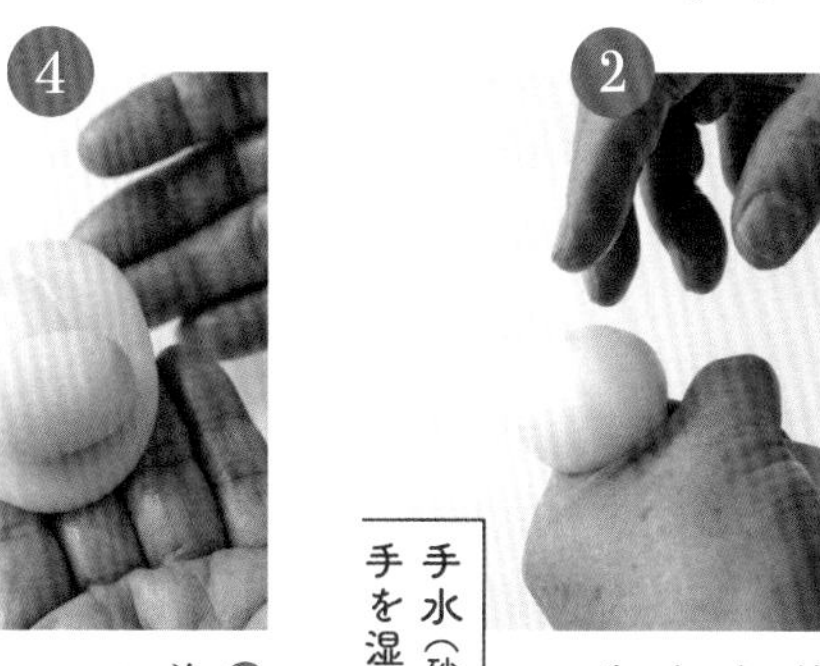

外郎生地を作り（P.51作り方❶～❺参照）、親指と人差し指で丸を作り、生地を押し出すようにして10等分する。

手水（砂糖水、P.51参照）で手を湿らせながら！

3

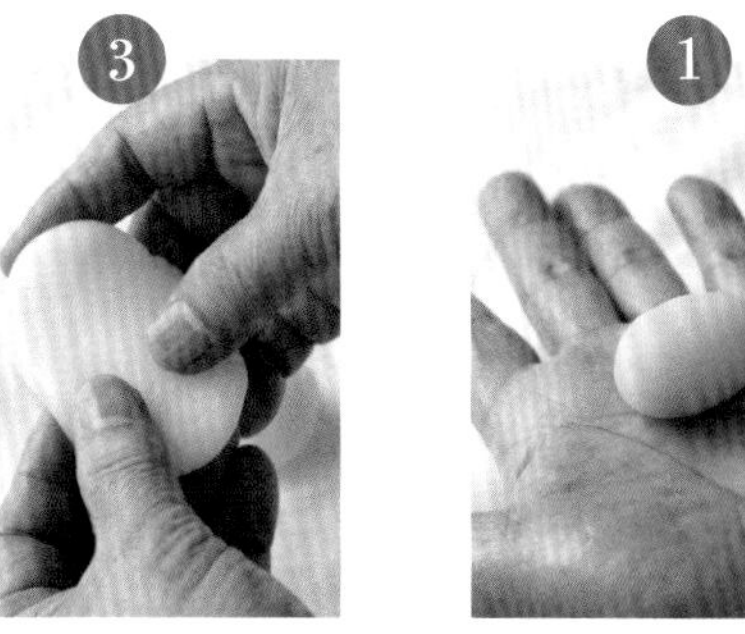

❷を手のひらで押し、指で楕円形に広げる。

4

❸の生地を縦に持ち、手前に❶の味噌あんをのせる。

5

奥から生地をたたむように味噌あんを挟む。

奥の生地を少し引っ張るように伸ばしてたたみます

6

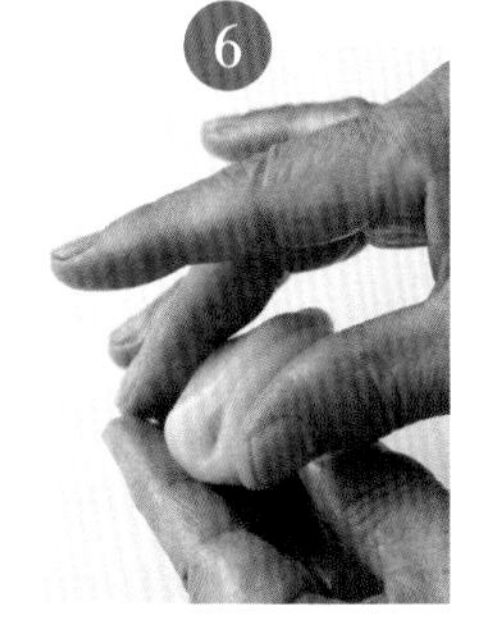

上から軽く押さえ、たたんだ端の部分がくっ付くようにギュッと押さえる。

7

乾燥の柏葉の場合は、お湯に2～3分つけて戻しておく。

8

柏葉の表面（つるつるしたほう）の手前に❻をのせて挟む。

葉っぱで挟むときは、表面を内側に

柏餅や桜餅（P.82）など、葉っぱを使ってお餅を挟むときは、つるつるとした表面を内側にします。裏面を内側にしたほうが見た目がよいように思いがちですが、裏面を内側にすると、葉っぱの細かい毛がお餅に付いてお餅がはがれにくくなるので要注意です。

桜餅の桜の葉もつるつるした表面を内側にします

求肥

うぐいす餅

両端をキュッとつまんで
うぐいすに似せた、愛らしいお菓子

白玉粉で作る求肥生地は粘り気があり、外郎とはまた違ったもちもち感があります。あんみつなどにも入っているので、食べたことがある方も多いのでは？ うぐいすの緑色には青大豆のきな粉を使っています。ポイントは両端をキュッとつまんでうぐいすの形に似せること。愛らしい、春の訪れを告げるお菓子です。

材料 15個分

白玉粉…50g
グラニュー糖…100g
水…100cc
水あめ…10g
こしあん…375g
青きな粉…50g
片栗粉…適量

作り方

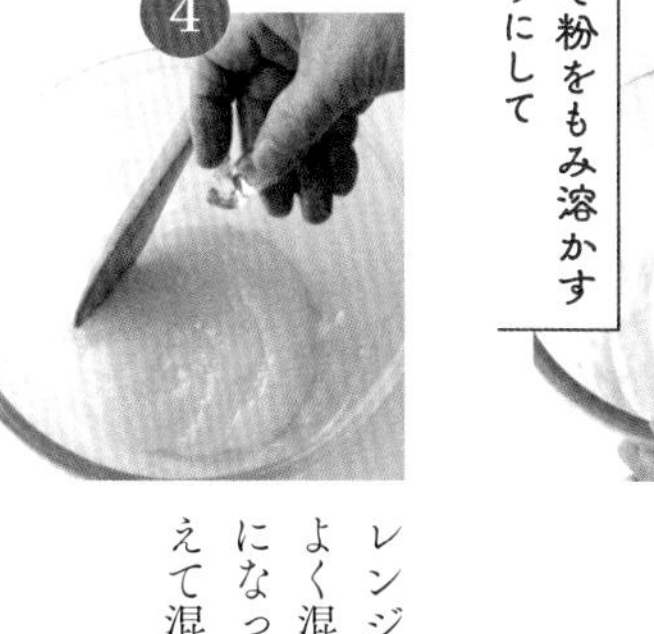

1 耐熱ボウルに白玉粉と水50ccを入れ、ダマが残らないよう、手でよく混ぜる。

手で粉をもみ溶かすようにして

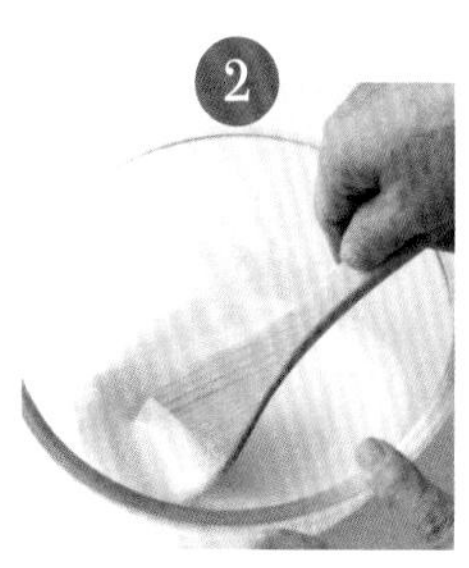

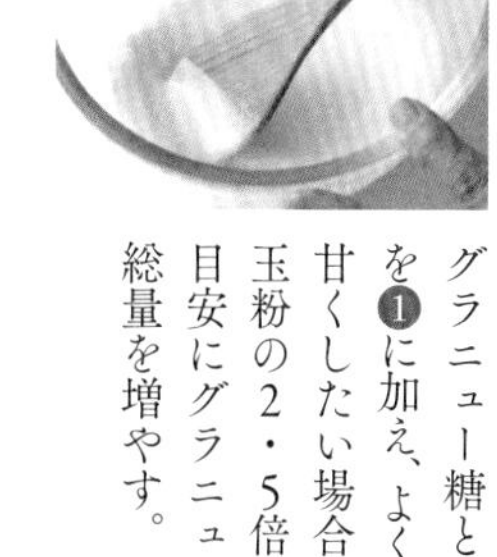

2 グラニュー糖と水50ccを❶に加え、よく混ぜる。甘くしたい場合は、白玉粉の2・5倍までを目安にグラニュー糖の総量を増やす。

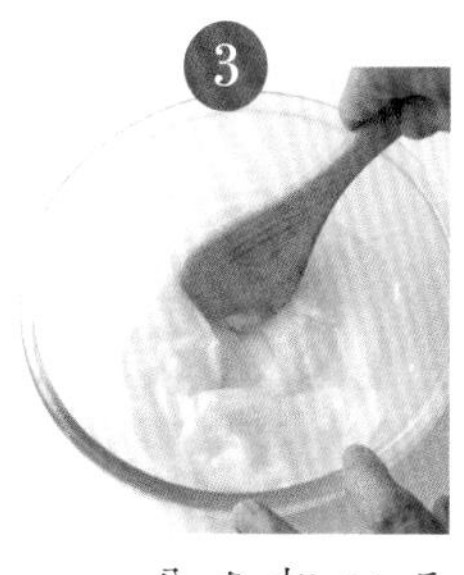

3 ラップをせずに電子レンジ(600W)で2分加熱し、全体を混ぜる。さらに電子レンジで1分半加熱する。

4 レンジから取り出してよく混ぜ、全体が糊状になったら水あめを加えて混ぜる。

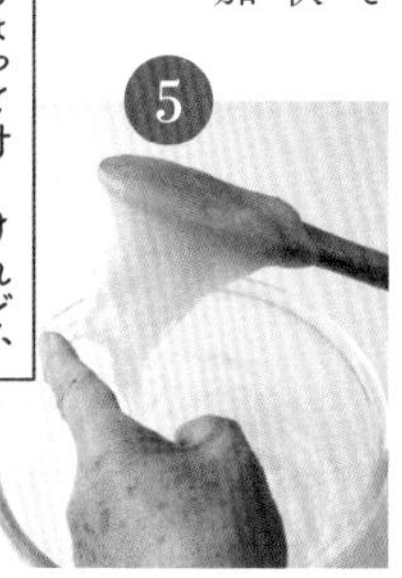

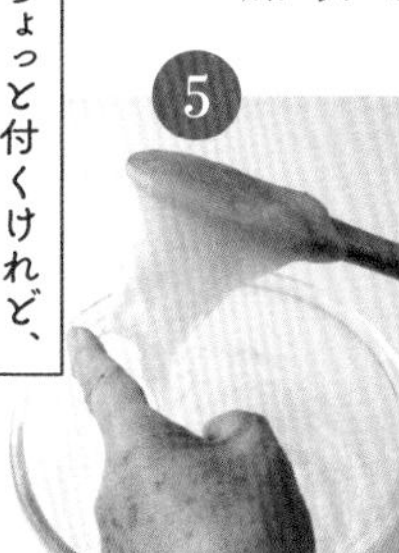

5 混ぜているとだんだん重くなるので、コシが出るまで練り上げる。

触るとちょっと付くけれど、すぐ離れるくらいまで

6 片栗粉を敷いたバットの上に❺を流す。内側に片栗粉が入り込まないように一度折り、表面全体に片栗粉が付いた状態にする。

7 手に片栗粉を付け、親指と人差し指で丸を作り生地を押し出すようにして、15gずつに分ける。

8 ❼を手のひらで挟んで平たくし、さらに指で平たく伸ばす。

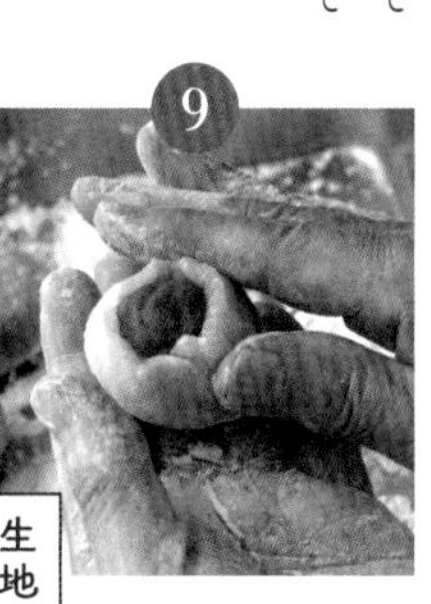

9 ❽に15等分して丸めたこしあんをのせ、包む(P.16「包あんのコツ」参照)。

生地がよく伸びるので、伸ばしながら包みます

10 中のあんが見えている穴が直径1㎝くらいになったら、生地をつまむようにして閉じる。

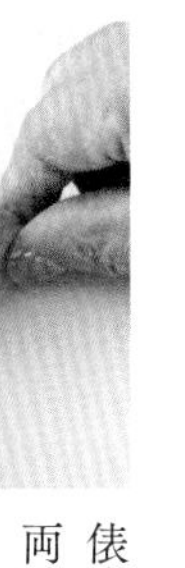

11 俵形に形を整えた後、両端を指でつまむ。

12 茶こしなどに青きな粉を入れ、上からふるって全体にまぶす。

求肥（ぎゅうひ）

亥（い）の子（こ）餅

亥の子餅は『源氏物語』にも登場する歴史のあるお菓子。亥の月（旧暦の10月）の初めの亥の日にお餅を食べると万病を防ぐという風習が中国から伝わり、古くは大豆、小豆、ゴマなど7種の粉を入れたそうです。猪が多産であることから、子孫繁栄の意味も込められたとか。また、猪は火伏せの神の使者であることから、江戸時代、庶民の間では亥の日に炬燵や火鉢に火を入れる習慣が広まりました。茶道でもこの日に「炉開き」が行われ、ここでも亥の子餅が茶席菓子として用いられています。

材料　15個分

白玉粉 … 50g
グラニュー糖 … 100g
水 … 100cc
黒ゴマ … 5g
クルミ（砕いたもの）… 10g
水あめ … 10g
粒あん … 375g
きな粉 … 50g
片栗粉 … 適量

黒ゴマとクルミ

作り方

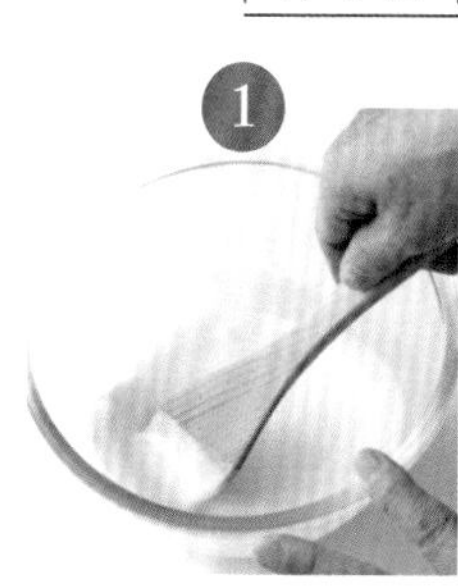

1 耐熱ボウルに白玉粉と水50ccを入れ、ダマが残らないように混ぜる。さらにグラニュー糖と水50ccを加え、よく混ぜる（甘くしたい場合は、P.63❷参照）。

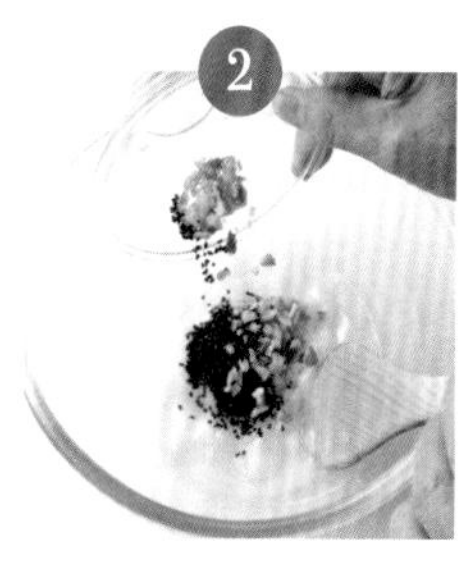

2 ラップをせずに電子レンジ（600W）で2分加熱し、黒ゴマとクルミを加えて全体を混ぜる。

3 もう一度ラップをせずに電子レンジ（600W）で1分半加熱し、全体が糊状になるまでよく混ぜ、水あめを加える。

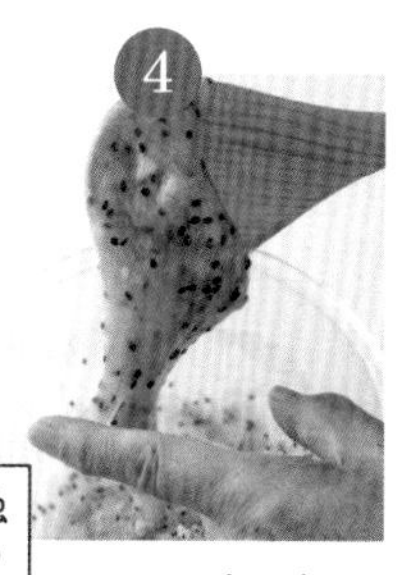

4 混ぜているとだんだん重くなるので、コシが出るまで練り上げる。

触るとちょっと付くけれど、すぐ離れるくらいまで

5 片栗粉を敷いたバットの上に❹を流す。

6 内側に片栗粉が入り込まないように一度折り、表面全体に片栗粉が付いた状態にする。

生地が手に付かないよう、手に片栗粉を付けて

7 ❻を15gずつに分け、手のひらで挟んで平たくし、さらに指で平たく伸ばす。

8 ❼に15等分して丸めた粒あんをのせ、包む（P.16「包あんのコツ」参照）。

9 俵形に形を整え、片側を少し細くする。

細くした側が亥の子の頭になります

10 茶こしなどにきな粉を入れ、上からふるって全体にまぶす。

求肥（ぎゅうひ）

雑穀棒

プチプチとした
雑穀の食感が楽しい

あんこを使わず、求肥自体のおいしさを味わうお菓子です。もちきびや粟などの雑穀を入れることで、食感の楽しさをプラスしました。ここでは数種類の雑穀がブレンドされたものを使っていますが、雑穀はお好みで。また、流し缶が無ければ小さなバットでも代用できます。

| 材料 | 14.5×11×4.5㎝の流し缶1個分

白玉粉…50g
グラニュー糖…100g
水…80cc
雑穀ブレンド…30g
水あめ…10g
片栗粉…適量

今回使った雑穀ブレンドは、もちきび、大麦、もちあわ、ひえ、黒米、黒千石大豆、赤米、アマランサスが入っています

| 作り方 |

1

流し缶を湿らせ、茶こしなどで片栗粉をふるう。雑穀はやわらかくなるまで20分ほどゆで、乾いた布巾の上に出し水分をとっておく。

2

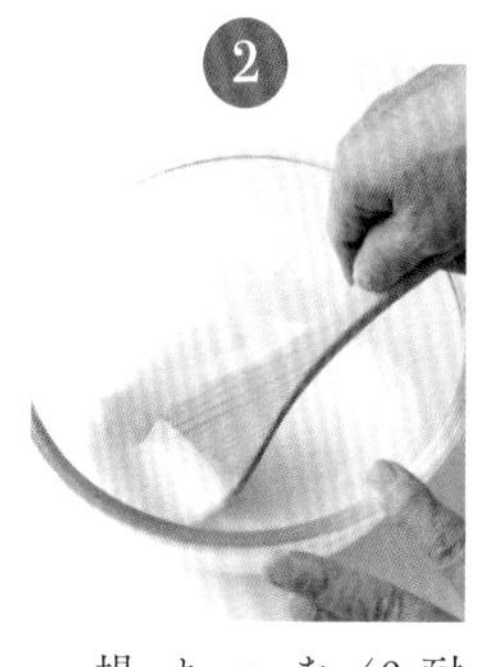

耐熱ボウルに白玉粉と水40ccを入れ、ダマが残らないように混ぜる。グラニュー糖と水40ccを加え、よく混ぜる（甘くしたい場合は、P.63❷参照）。

3

ラップをせずに電子レンジ（600W）で2分加熱し、❶のゆでた雑穀を加えて全体を混ぜる。

4

もう一度ラップをせずに再度電子レンジ（600W）で1分半加熱し、全体が糊状になるまでよく混ぜる。水あめを加え、コシが出るまで、練り上げる。

5

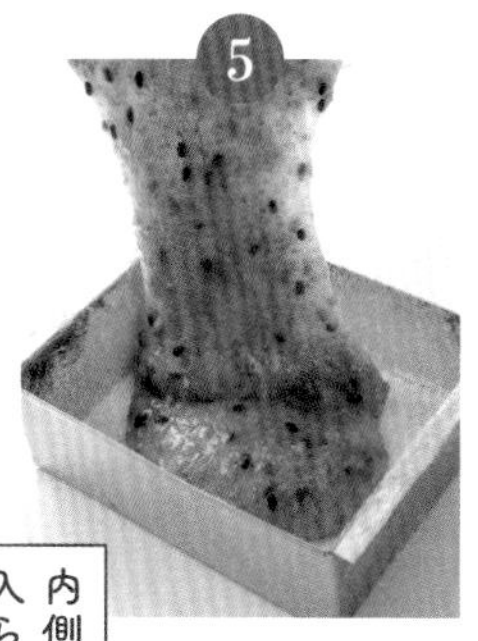

❶の流し缶に❹を静かに流し入れる。

内側に片栗粉が入らないよう、ていねいに

6

片栗粉を茶こしなどに入れ、上からふるう。

全体が白くなるまで、片栗粉は多めに

7

生地が冷めたら流し缶から出し、刷毛で余分な片栗粉を落とす。

8

短冊状に切る。

しっかり冷ますと生地が固くなって切りやすい

ようかん

練りようかん

ほれぼれするようなツヤが
練りようかんを作る醍醐味です

ようかんには「練りようかん」と「蒸しようかん」があります。ここで紹介するのは寒天とお砂糖を使って練り上げ、枠に入れて固める練りようかん。練りようかんのコツはどこまで煮詰めるか。私たち職人は混ぜている木べらを引き上げたときのあんの垂れ具合を見て火を止めます。良い具合に炊き上げたようかんは、固めるとほれぼれするようなツヤが出ます。このツヤが練りようかんを作る醍醐味です。

材料 14.5×11×4.5㎝の流し缶1個分

こしあん…300g
グラニュー糖…300g
糸寒天…10g
水…300cc

作り方

1

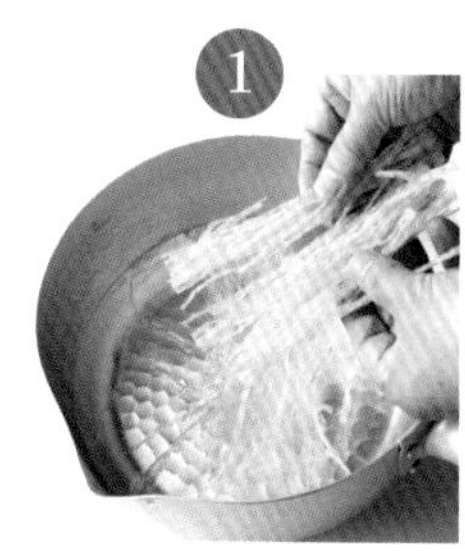

糸寒天をほぐして水適量（分量外）につけ、一晩おく。翌日軽く洗い流してゴミなどを取る。

2

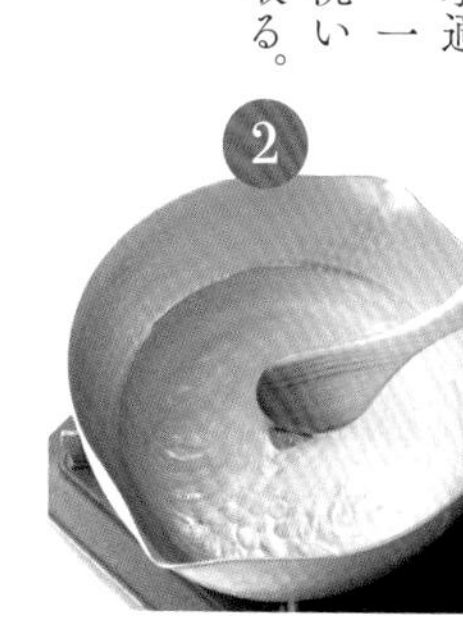

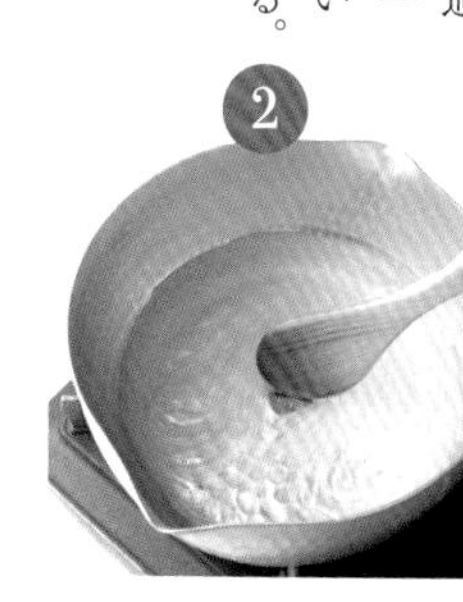

鍋に❶と水を入れ、中火で寒天を煮溶かす。

3

木べらなどですくってみて、寒天が残らなくなるまでしっかりと煮溶かす。

4

寒天が完全に溶けたら、グラニュー糖を入れて溶かす。

グラニュー糖を入れた後は寒天が溶けなくなるので、完全に寒天が溶けてから！

5

グラニュー糖が溶けたら火からおろし、ザルなどで濾す。

6

鍋にこしあんをほぐしておき、そこに❺を注ぎ入れ火にかける。

❺にこしあんを入れるとはねて火傷をするので必ずこしあんに❺を

7

木べらで混ぜながら、中火で泡が大きくなるまで煮詰める。

木べらで混ぜたときにジュッと音がしてきたらOK

8

写真のように木べらを引き上げたときに、あんが2〜3cm糸を引いて垂れるぐらいになったら火を止める。

9

流し缶を水にくぐらせて濡らしておく。火を止めて2〜3分おいてから、❽を静かに注ぎ入れる。

霧吹きで水をかけると、表面の泡が消えます

10

粗熱がとれたら冷蔵庫に入れ、完全に固まったら流し缶から出し、食べやすい大きさに切り分ける。

固まるまでは必ず平らな場所に置いて！

ようかんには弾力が出る糸寒天がおすすめです

寒天には糸寒天や棒寒天、粉寒天などさまざまな種類があります。棒寒天はできあがりが柔らかく、粉寒天は簡単に煮溶かせますが、私はようかんには弾力の出る糸寒天を使っています。

ようかん

りんごのようかん

アップルパイに入れるようにりんごを甘く煮て、白あんと合わせてようかんにしました。りんごは紅玉のように酸味と硬さがあるものがおすすめです。りんごを煮るときにバターを加えたり、できあがりにシナモンをふっても、また一味違ったおいしさが味わえます。

材料 14.5×11×4.5cmの流し缶1個分

白あん … 180g
グラニュー糖 … 180g
糸寒天 … 6g
水 … 150cc
りんご … 1/2個
グラニュー糖（りんご用）… 15g
シナモン（粉末・お好みで）… 適量

作り方

1

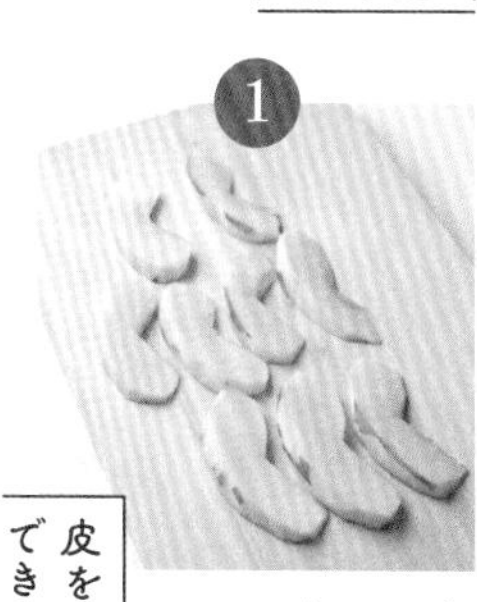
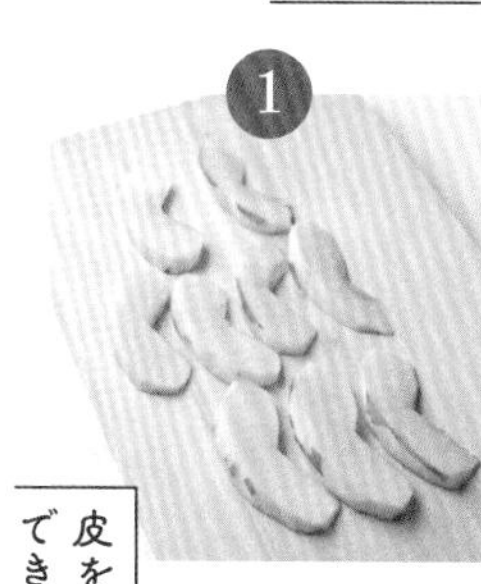
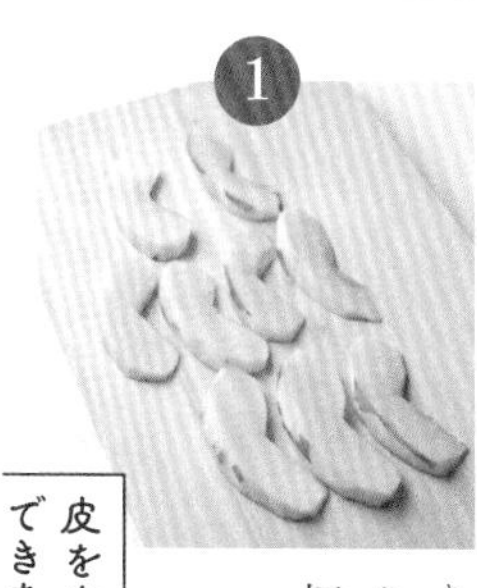

りんごの皮をむき、厚さ5㎜ほどのくし形に切る。

皮を少し残してむくと、できあがりがきれいに

2

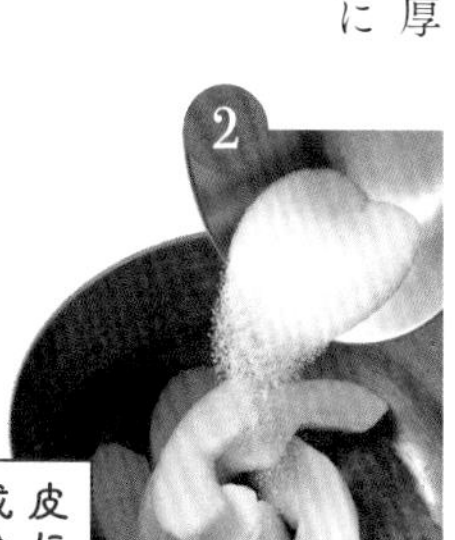
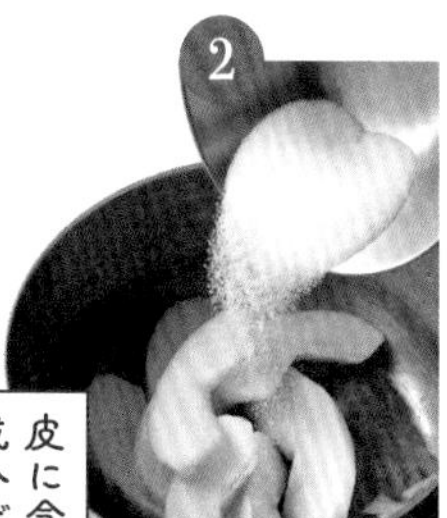

鍋にむいたりんごの皮の半量と❶、りんご用のグラニュー糖15gを入れ、弱火にかける。

皮に含まれるペクチンという成分でとろみがつきます

3

りんごがしんなりして、少し透明感が出たら火を止める。

4

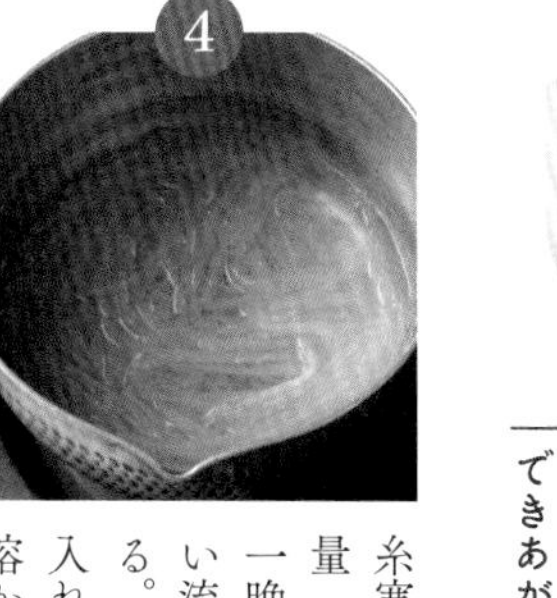
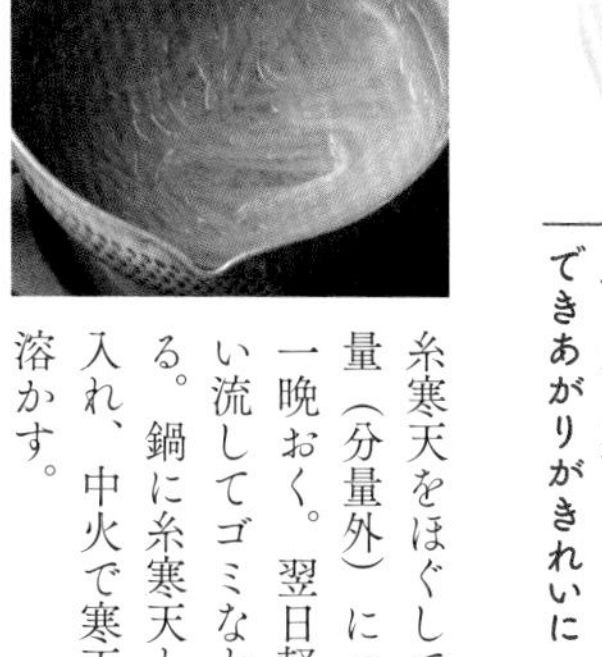

糸寒天をほぐして水適量（分量外）につけ、一晩おく。翌日軽く洗い流してゴミなどを取る。鍋に糸寒天と水を入れ、中火で寒天を煮溶かす。

5

寒天が完全に溶けたら、グラニュー糖を入れて溶かす。

6

グラニュー糖が溶けたら火からおろし、ザルなどで濾す。

7

鍋に白あんをほぐしておき、そこに❻を注ぎ入れ火にかける。

木べらで混ぜたときにジュッと音がしてきたらOK

8

木べらで混ぜながら、中火で泡が大きくなるまで煮詰める。

9

写真のように木べらを引き上げたときに、あんが2～3㎝糸を引いて垂れるぐらいになったら火を止める。

10

流し缶を水にくぐらせて濡らしておく。火を止めて2～3分おいてから、❾を静かに注ぎ入れる。

火を止めてすぐ注ぐと分離しやすいので必ず2～3分おく

11

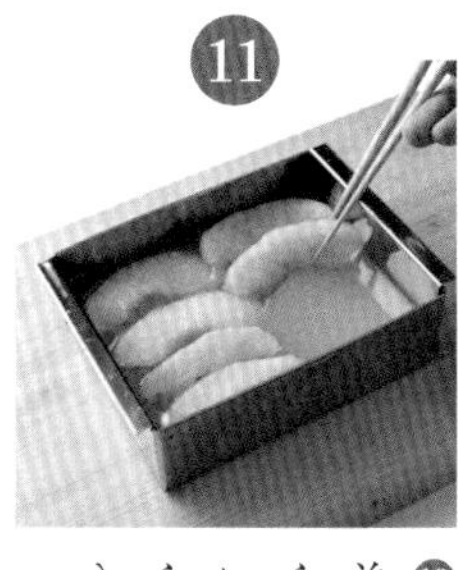

❿の上に❸のりんごを並べる。粗熱がとれたら冷蔵庫に入れ、完全に固まったら流し缶から出し、食べやすい大きさに切り分ける。

12

好みで、筆の先にシナモンの粉を付け、筆をたたくようにして⓫の上に粉を落とす。

ようかん

抹茶の水ようかん

抹茶のさわやかな苦みと
のどごしの良さが魅力の、夏のお菓子

抹茶を使った深い緑の水ようかんは見た目も涼しげ。抹茶の苦みがさわやかさをプラスしてくれます。つるんとしたのどごしも水ようかんの魅力。よ〜く冷やしていただきましょう。型に流さず、プリンカップで作っても。夏の和菓子の代表格である水ようかんですが、福井県では冬にいただくお菓子だとか。地域によってそんな違いがあるのもおもしろいですね。

材料 14.5×11×4.5㎝の流し缶1個分

白あん…300g
グラニュー糖…200g
糸寒天…6g
水…300cc
抹茶…3g
湯…10cc

作り方

1

抹茶を茶こしなどを使ってふるっておく。

ふるっておくと、ダマになりにくい

2

抹茶をお湯で溶かしておく。

3

糸寒天をほぐして水適量（分量外）につけ、一晩おく。翌日軽く洗い流してゴミなどを取る。鍋に糸寒天と水を入れ、中火で寒天を煮溶かす。

4

寒天が完全に溶けたら、グラニュー糖を入れて溶かす。グラニュー糖が溶けたら火からおろし、ザルなどで濾す。

5

鍋に白あんをほぐしておき、そこに4を注ぎ入れ火にかける。

6

木べらで混ぜながら、中火で3～4分煮る。

7

白あんが完全に溶けてなめらかな状態になったら一度火を止める。

8

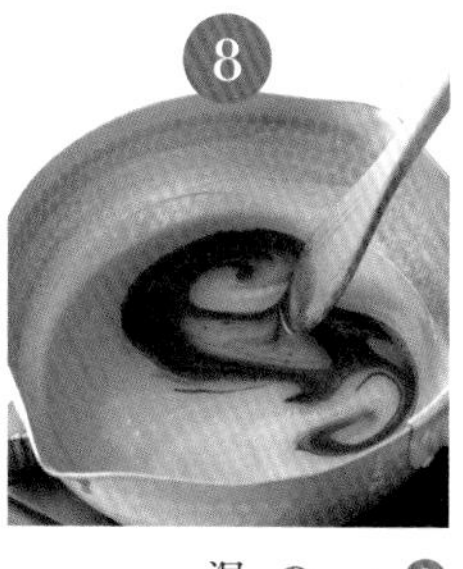

2の抹茶を加え、もう一度中火にかけ、全体の色が均一になるまで混ぜる。

濾して、抹茶のダマを取り除きます

9

火を止めて8をザルで濾し、2～3分おく。

10

プリンカップなどに小分けにしてもOK

水にくぐらせて濡らした流し缶に、9を静かに注ぎ入れる。

11

粗熱がとれたら冷蔵庫に入れ、完全に固まったら流し缶から出し、食べやすい大きさに切り分ける。

錦玉かん

金魚

錦玉かんは寒天で作った透明なゼリーに、練り切りやようかんで作った夏の風物詩をあしらったもの。琥珀かんと呼ぶこともあります。今回はプリンカップを使って金魚鉢の中を再現してみました。手間はかかりますが、手土産で差し上げたりすると必ず喜んでいただける、涼しげで楽しい夏のお菓子です。

材料 プリンカップ6個分

糸寒天…4g
水…140cc
グラニュー糖…240g
水あめ…10g
練り切り生地…40g
(作り方はP.15 ❶～❽参照)

手間はかかりますが、
喜んでいただけること、請け合いです!

作り方

1 練り切り生地を10gずつに分け、それぞれ茶色、緑、赤に着色する（P.17「食用色素の使い方」参照）。

濡れ布巾で生地を拭くと合わせやすい

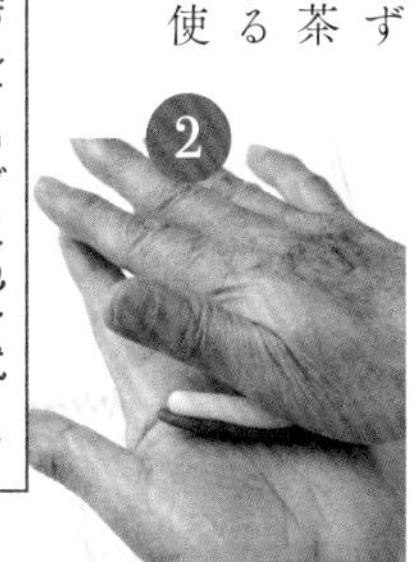

2 白と茶色の生地を細く伸ばし、2本を合わせて手のひらの間で転がして、直径5㎜ほどになるまで伸ばす。

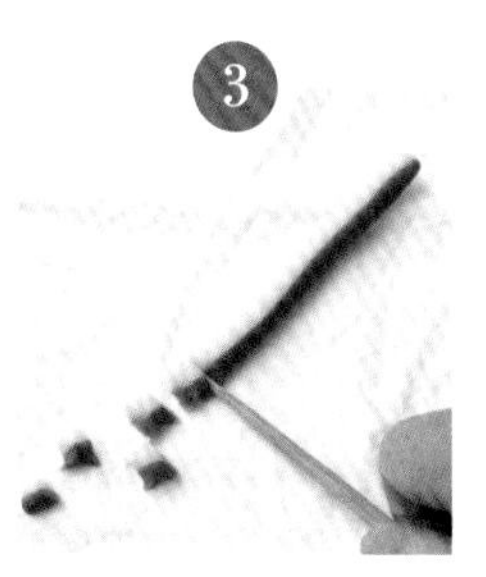

3 箸の先や竹串などで5㎜程度に切る。

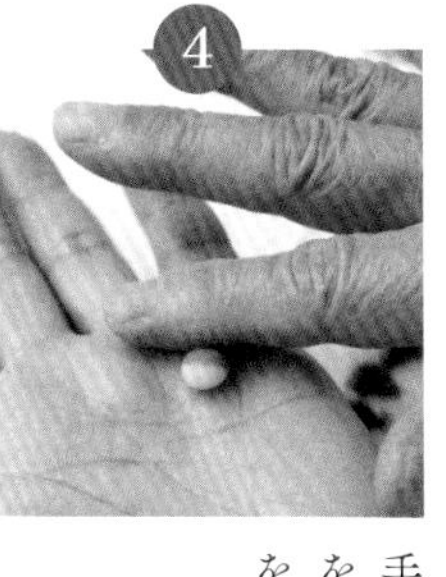

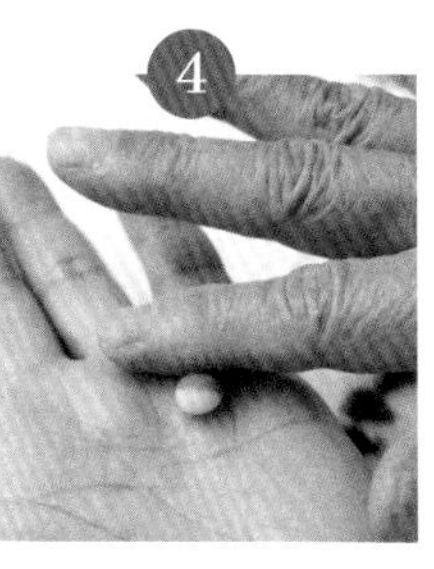

4 手のひらの上で❸を指を使って丸め、玉砂利を作る。

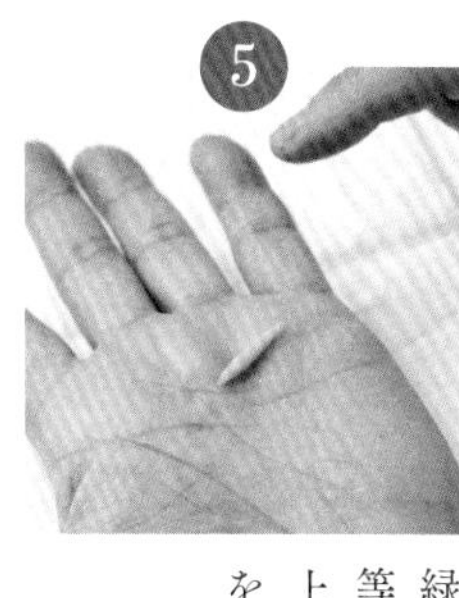

5 緑の練り切りは10～15等分する。手のひらの上で細く伸ばして水草を作る。

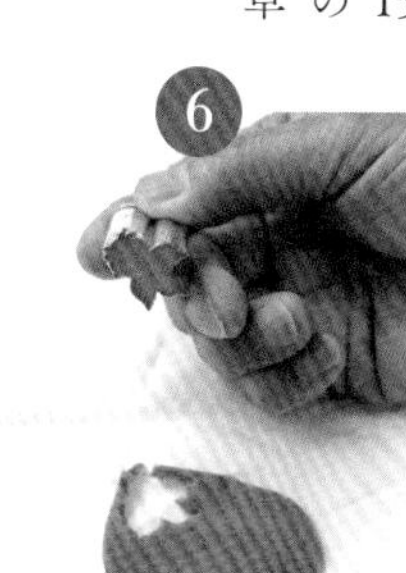

6 赤の練り切りは、乾いた布巾で挟んで手のひらで押し、平たくする。金魚の抜き型で抜いて金魚を作る。

砂糖は寒天の60倍。それより少ないと白濁してしまいます

7 糸寒天を中火で煮溶かし、グラニュー糖を加える（P.69「練りようかんの作り方」❶～❹参照）。

8 グラニュー糖が溶けたら水あめを加え、茶こしなどで濾す。寒天が固まらないよう、ボウルに70～80℃の湯を張り、湯せんしておく。

9 霧吹きを使って内側を水で濡らしたプリンカップに、❽の寒天液を5㎜ほどの高さまで入れ、少し固まったら❹の玉砂利を置く。

10 玉砂利が動かなくなったら、❽の寒天液を玉砂利の上まで入れる。

11 ❿の寒天液が少し固まったら❻の金魚を置き、金魚が動かなくなったら、寒天液を5㎜ほどの高さまで入れる。

12 少し固まったら❺の水草を置き、水草が動かなくなったら残りの寒天液を入れ、冷蔵庫で冷やす。

葛

葛焼き

葛の弾力と焼いた小麦粉の香ばしさ。
初夏の茶席でも使われるお菓子です

見た目の華やかさは無く、とても手間のかかるお菓子なのですが、葛焼きは私の好きな和菓子ベスト5に入ります。吉野葛を使って固めているので、口触りが良く、初夏のお茶席によく用いられます。この時季は和菓子屋さんにも並びますが、焼き立てアツアツのやわらかい葛焼きは自分で作らないと食べられません。ぜひ焼き立てのおいしさを味わってみてください。

葛焼き

こしあんとお砂糖で作る基本の葛焼きです。小麦粉を付けて焼いたときに少し焼き色が付くまで焼くのがポイント。この香ばしさもおいしい味の一部です。

材料 14.5×11×4.5cmの流し缶1個分

吉野葛…100g
こしあん…360g
グラニュー糖…200g
水…360cc
小麦粉（薄力粉）…50g程度

作り方

1 鍋にほぐしたこしあんと、グラニュー糖を入れる。

2 ボウルに吉野葛と水180ccを入れ、葛をもむようにして溶かす。

3 あらかた溶けたら残りの水も入れ、葛の固まりが無くなるまでよく溶かす。

4 目の細かなザルを使い、❸を濾しながら❶に入れる。

溶かしきれなかった葛を完全に除きます

5 弱めの中火にかけ、木べらなどでゆっくりと混ぜながら火を通す。

火が強いと葛だけが固まってしまうので注意！

6 全体が糊状になったら火からおろし、よくかき混ぜる。

7 蒸し器にかたく絞った濡れ布巾を2枚かぶせ、その上に❻を移す。

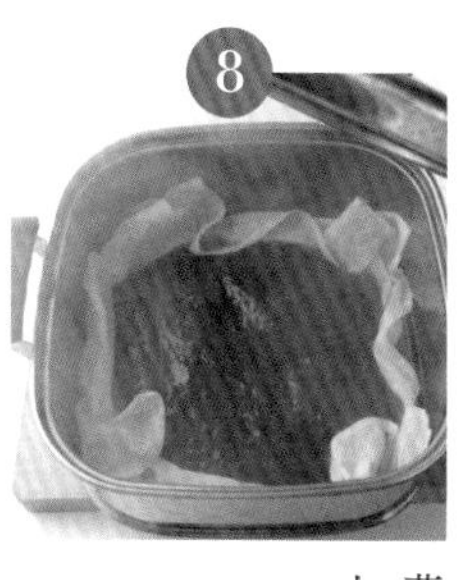

8 蒸し器で15分蒸す。火は強めの中火で。

次ページにつづく

作り方 つづき

9

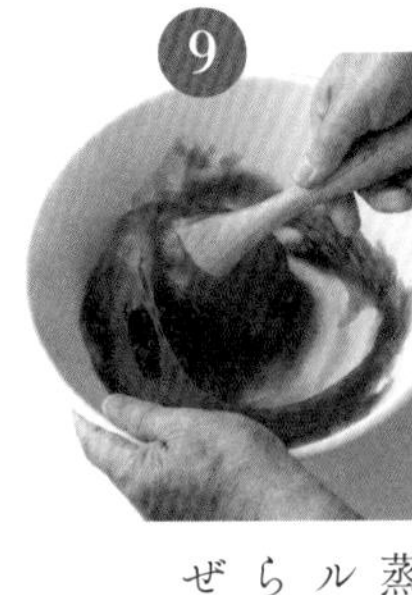

蒸し上がった8をボウルに移し、全体がなめらかになるまでよく混ぜる。

10

9を流し缶に移す。

一度蒸してから型に入れることでツヤが出ます

11

シリコン製ヘラなどを使って表面をなめらかに整える。

12

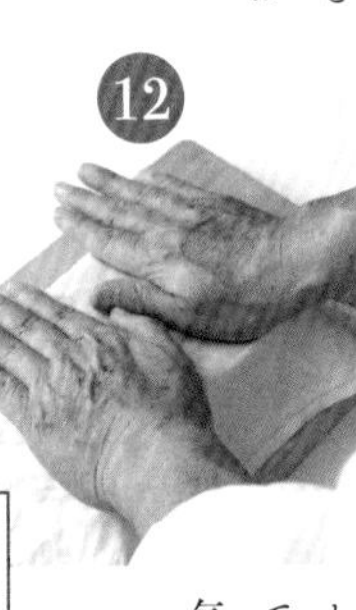
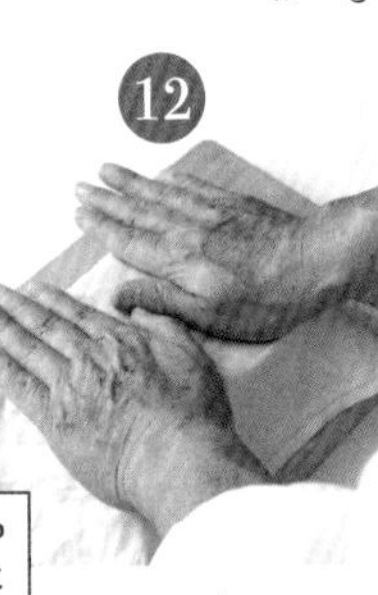

かたく絞った濡れ布巾で上から押し、中の空気を抜く。

中にスが入らないための大事な作業！

13

冷蔵庫に入れ、冷めたら冷蔵庫から出して一晩おく。流し缶から出し好きな大きさに切り分ける。

冷蔵庫に入れたままだと葛が固まって弾力が無くなります

14

表面の部分は硬く食感が悪いので切り落とす。

包丁を濡らして切るときれいに切れます

15

表面に小麦粉をしっかりと付ける。

裏表だけでなく、側面にもしっかり付けて！

16

余分な小麦粉を軽く手で払って落とし、フライパンで少し焼き色が付くまで6面を焼く。

弱めの中火で焦がさないように

ホットプレートなら失敗しません

葛焼きのポイントは、焼き色は付いているけど焦げてない、この焼き加減。ここではフライパンで焼いていますが、一定の温度が保てるホットプレートで焼くと、焦げにくく失敗しません。ホットプレートの温度は150℃くらいで。

山椒入り葛焼き

山椒がさわやかに香る葛焼きです。見た目にもさわやかさを出すために、食用色素を使って薄い緑色に仕上げました。

P.77「葛焼き」材料＋
食用色素・緑…適量　粉山椒…2g

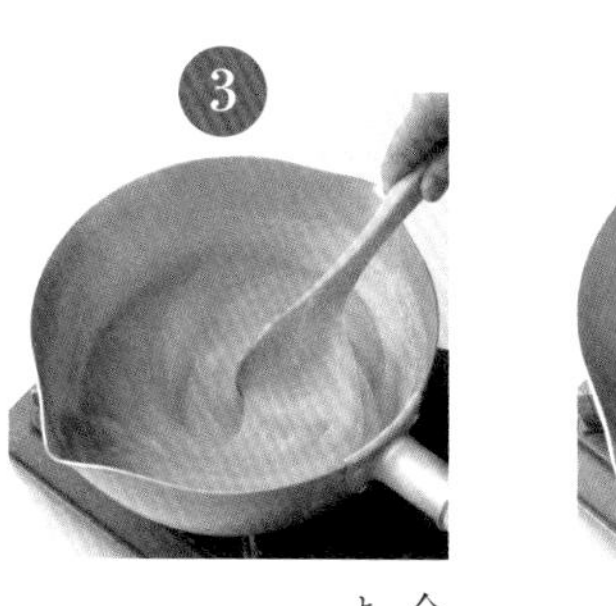

❶ 基本の葛焼きのこしあんを白あんに替えて。

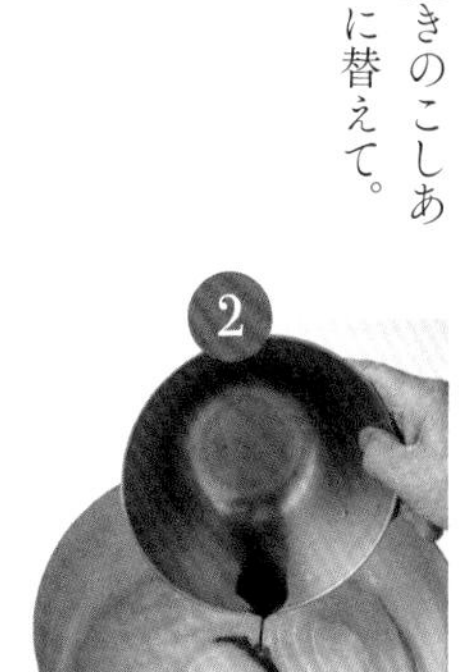

❷ P.77の作り方❻のタイミングで、水適量（分量外）で溶かした緑の食用色素を入れる。

❸ 全体に色が行きわたるよう、よく混ぜる。

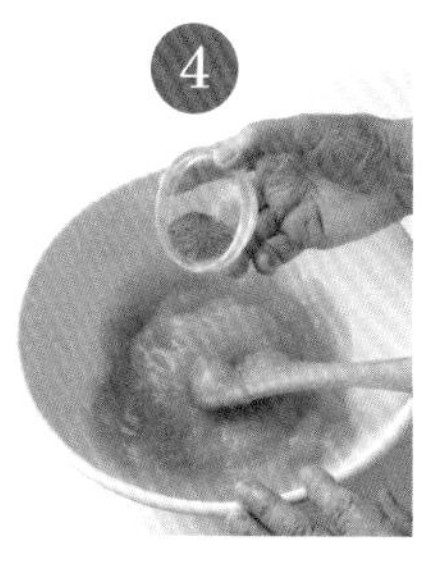

❹ P.78の作り方❾のタイミングで粉山椒を加え、よく混ぜる。

オレンジピール入り葛焼き

葛焼きの生地にオレンジピールを混ぜ込んでみました。これが意外なおいしさに。紅茶やコーヒーにもよく合います。

P.77「葛焼き」材料＋
オレンジピール…40g

❶ オレンジピールを細かく刻んでおく。あんこは白あんに替えて。

❷ P.78の作り方❾のタイミングでオレンジピールを加え、流し缶に入れて固める。

❸ 適当な大きさに切る。厚さは2㎝以内がおすすめ。

❹ 全体に小麦粉を付け、焦がさないように焼く。

いわば葛切りのまあるいバージョン。
大きさはお好みでどうぞ

葛(くず)

葛の黒蜜がけ

夏になると食べたくなる葛切りですが、葛切りを家で作るのはなかなか大変なので、葛を計量スプーンですくって丸い形にしました。丸くしたことで葛の弾力も楽しめます。

冷たく冷やしてつるんといただける食感は、夏のデザートにぴったりです。丸くした状態で冷凍しておけるので、たくさん作って常備しておいても。冷凍した場合は、一度ゆでてから、氷水で冷やしてください。

材料 2〜3人分

吉野葛…50g
水…70cc
グラニュー糖…150g
熱湯…140cc
黒砂糖…100g
水(黒蜜用)…100cc

作り方

1 細かく砕いた黒砂糖と黒蜜用の水100ccを鍋に入れる。

最初に黒砂糖を細かくしておくと溶けやすい

2 強火で黒砂糖を溶かし、黒蜜を作る。火からおろし、冷ましておく。

前日に作って一晩おくととろっとします

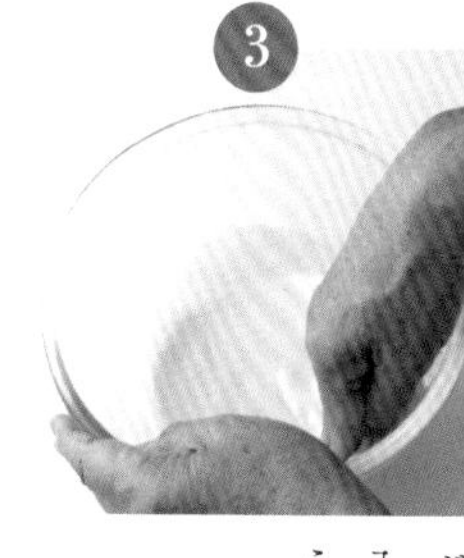

3 ボウルに吉野葛と水を入れ、葛を手でもむようにしてよく溶かす。

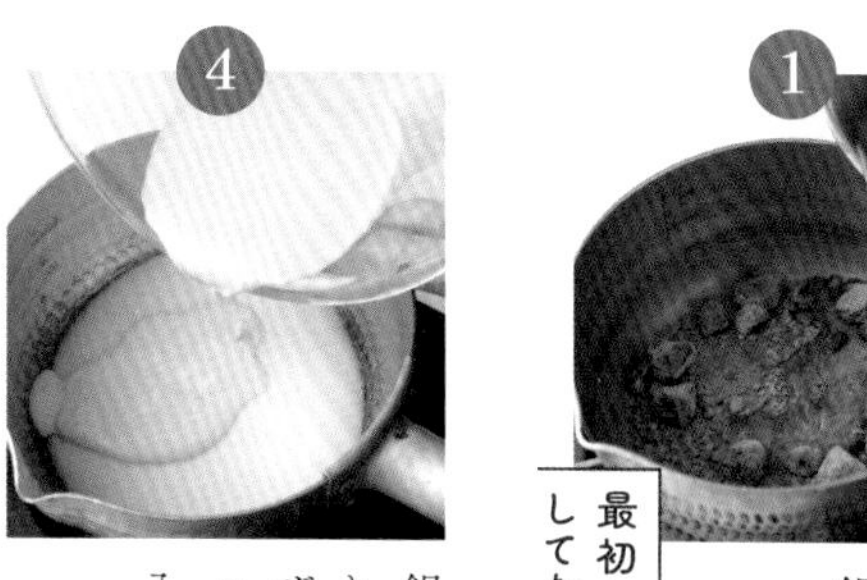

4 鍋にグラニュー糖を入れる。❸を目の細かなザルなどで濾し、グラニュー糖の上から流し入れる。

5 弱火にかけ、木べらなどでゆっくりと混ぜながら、グラニュー糖を溶かす。

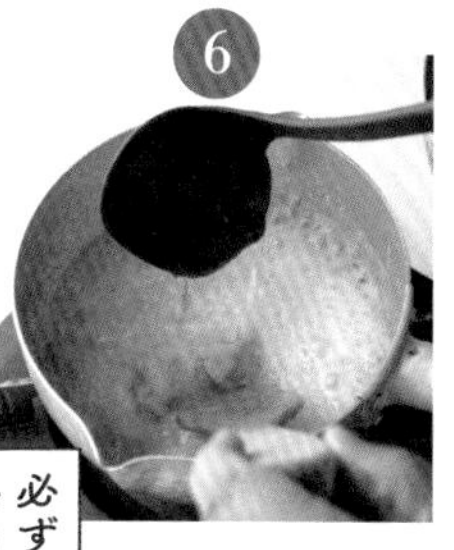

6 表面の泡が大きくなってきたら強火にし、熱湯を入れる。

必ずアツアツの熱湯を入れて！

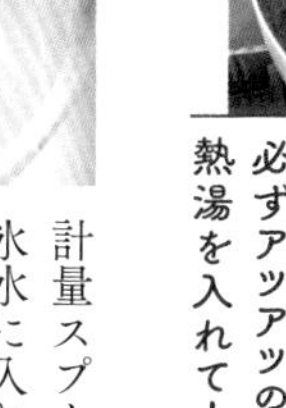

7 熱湯を入れたら素早くかき混ぜる。

8 白濁していた葛が透明になったら、火からおろす。

熱湯を入れてかき混ぜると、透明に

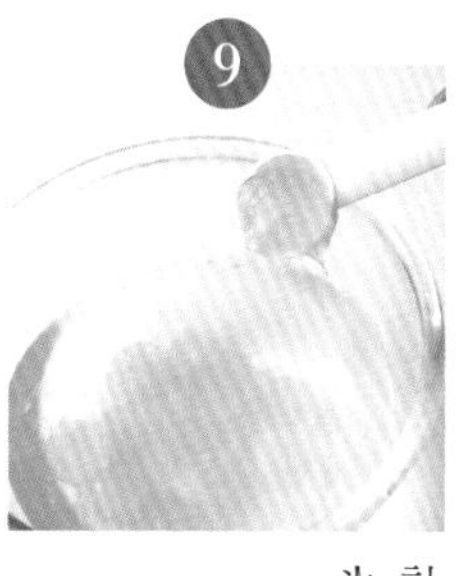

9 計量スプーンですくい、氷水に入れる。

10 今回は10ccの計量スプーンを使用。大きさはお好みで。

11 葛が冷えたら器に盛り、❷の黒蜜をかけていただく。好みできな粉をかけても。

道明寺（どうみょうじ）

関西風桜餅

道明寺粉を使ったもちもちとした生地の、
関西バージョンの桜餅です

柏餅（P.60）と同じように、桜餅も関東と関西では違います。関東が小麦粉などを使って焼き上げた生地を使うのに対し、関西ではもち米を砕いた道明寺粉を使って蒸し上げた、もちもちとした生地です。ここで紹介するのはこの関西風の桜餅。

ところで皆さん、桜の葉は食べる派？ 食べない派？ 約7割の方は桜の葉も一緒に食べるそうです。ちなみに私は食べない派。少数派ですね（笑）。

材料 10個分

道明寺粉（四ツ割）… 100g
（五ツ割など粒が小さいものでも可）
上白糖 … 100g
粒あん … 120g
桜葉（塩漬け）… 10枚
食用色素・赤 … 適量

作り方

最初にボウルの重量を量っておきましょう

1

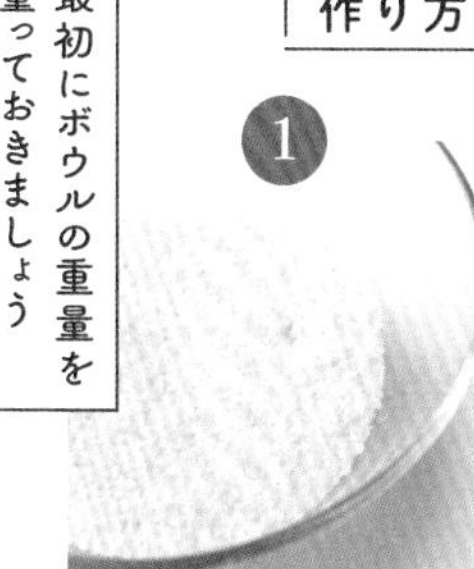

道明寺粉をボウルに入れ、水で軽くすすいで水をきる。合計の重量が190～200gになるように水（分量外）を入れ、濡れ布巾をかけて1時間おく。

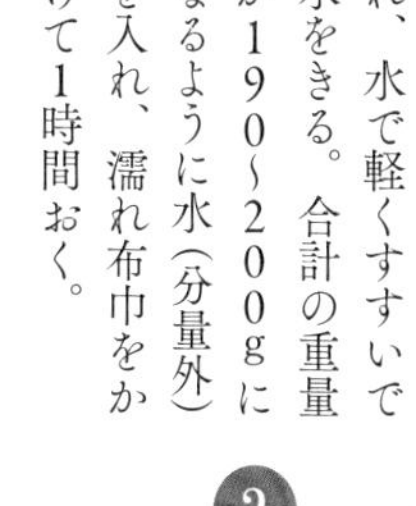

2

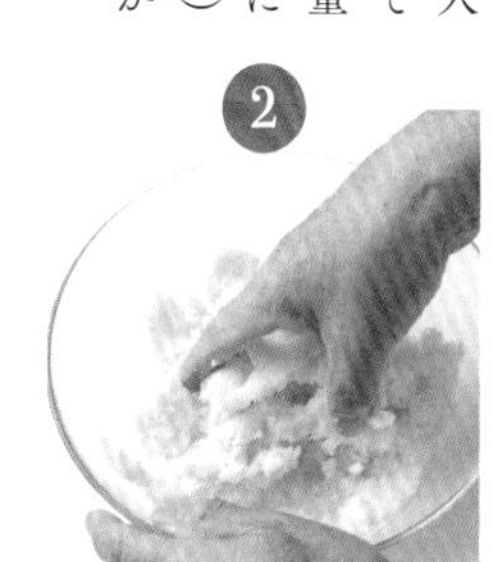

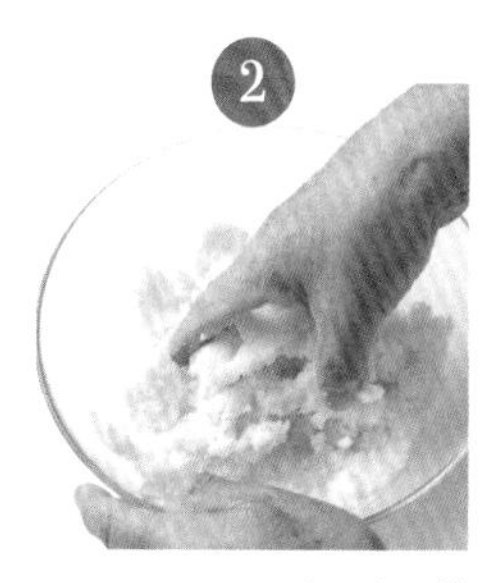
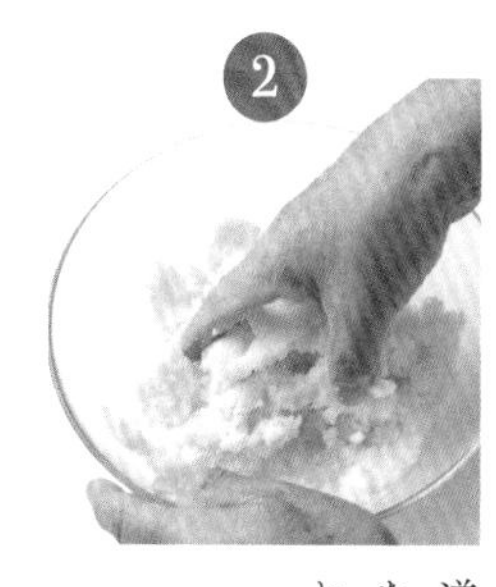

道明寺粉がやわらかくなったら、上白糖を入れてもみ混ぜる。

3

水適量（分量外）で溶いた食用色素を加える。

食用色素は様子を見ながら少しずつ

4

全体が均一にピンク色になるように、もみ混ぜる。

5

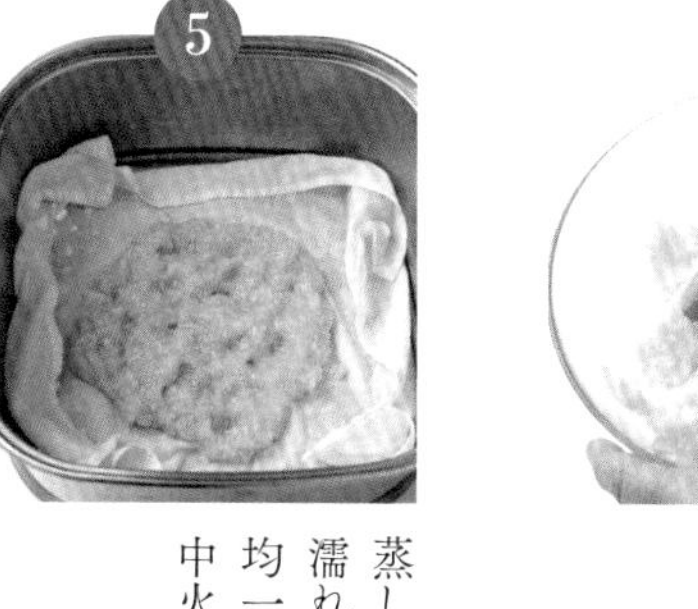

蒸し器にかたく絞った濡れ布巾を敷き、❹を均一に広げる。強めの中火で20分蒸す。

6

熱いので火傷に注意！

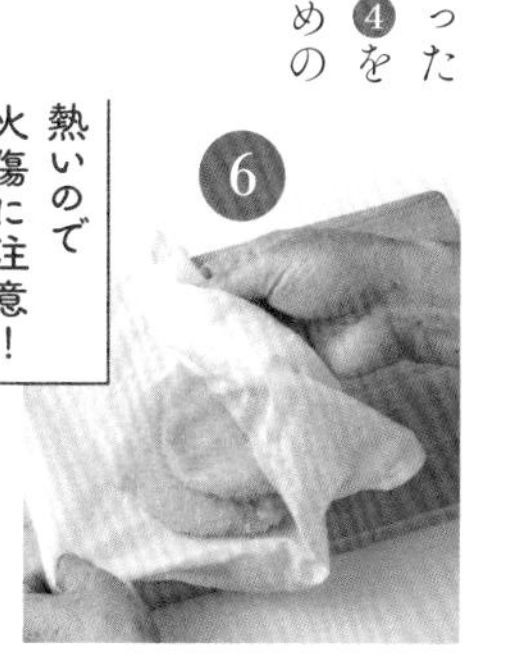

蒸し上がったら布巾で挟むようにして、ダマが無いようにもみ混ぜる。布巾がすぐに乾くので、濡れ布巾を2～3枚用意しておく。

7

生地が手に付かないよう、手水（砂糖水、P.51参照）をつけて

親指と人差し指で丸を作り、生地を押し出すようにして10等分する。

8

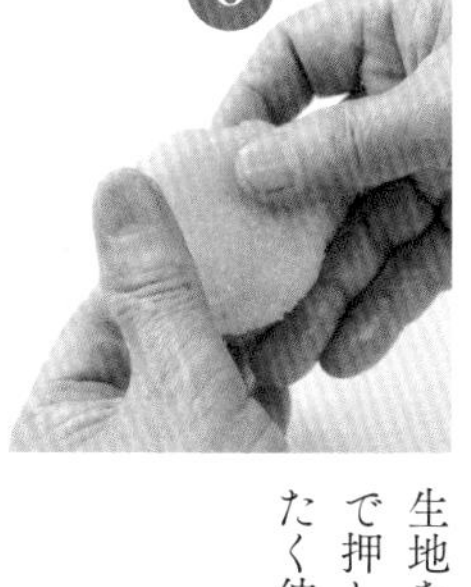

生地を手のひらで挟んで押し、指を使って平たく伸ばす。

9

10等分した粒あんを丸め、❽で包む（P.16「包あんのコツ」参照）。

10

俵形に形を整える。

11

桜葉は水に2分ほどひたして塩を抜き、乾いた布巾の上にのせて水気をとっておく。

水にひたしすぎると塩気が無くなり、味がぼけてしまうので注意して

12

桜葉の表面が内側になるように、❿を手前にのせて挟む。上の桜葉の先が1㎝くらい出るように包むと見栄えが良い。

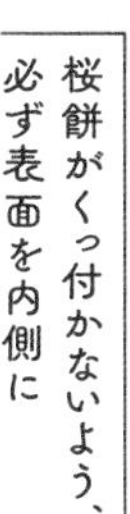

桜餅がくっ付かないよう、必ず表面を内側に

浮島（うきしま）

浮島はあんこに粉類と卵を入れて蒸し上げた、カステラ風。ふわふわなのにしっとりの、やさしい味のお菓子です。1色で作ってもいいのですが、今回は2色に分けて、ぬれ甘納豆と栗の甘露煮を間に入れてみました。間に入れるものはお好みで。色合いも自由に楽しんでみてください。1色の生地を一度に入れて豆などを入れると下に沈みますが、それもまた良し、です。

ふわふわしっとり、やさしい味の
カステラ風のお菓子です

栗の甘露煮入り浮島

材料 14.5×11×4.5cmの流し缶1個分

白あん … 200g
小麦粉（薄力粉）… 10g
上新粉 … 10g
卵 … Mサイズ2個
上白糖 … 50g
栗の甘露煮 … 60g
食用色素・赤 … 適量

甘納豆入り浮島

材料 14.5×11×4.5cmの流し缶1個分

白あん … 200g
小麦粉（薄力粉）… 10g
上新粉 … 10g
卵 … Mサイズ2個
上白糖 … 50g
抹茶 … 3g
ぬれ甘納豆 … 60g

甘納豆入り浮島

作り方

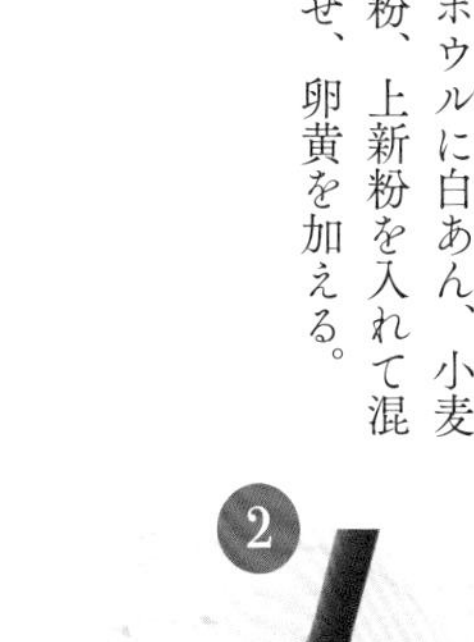

1 ボウルに白あん、小麦粉、上新粉を入れて混ぜ、卵黄を加える。

2 色が全体に均一になるように、シリコン製ヘラなどを使ってよく混ぜる。

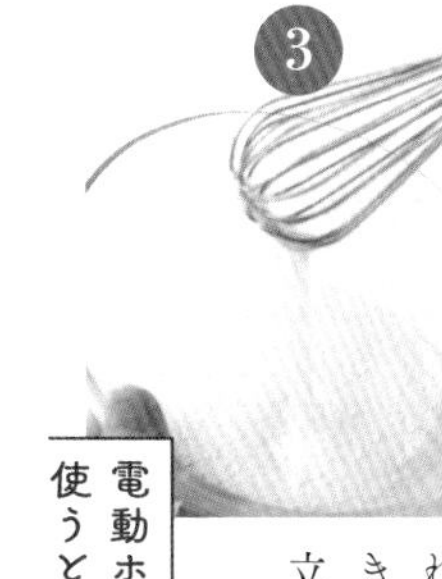
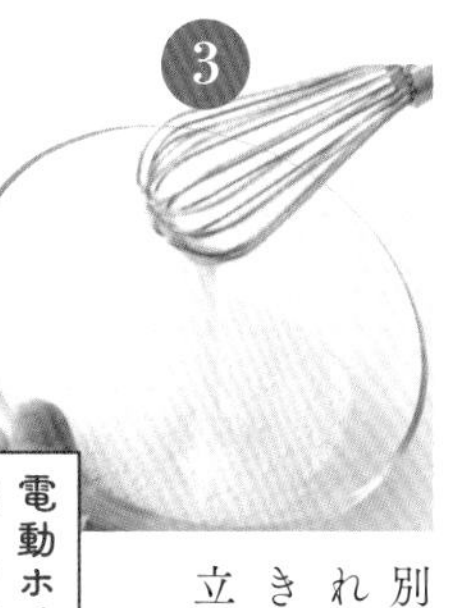

3 別のボウルに卵白を入れ、全体が白くなり大きな泡ができるまで泡立てる。

電動ホイッパーを使うと簡単！

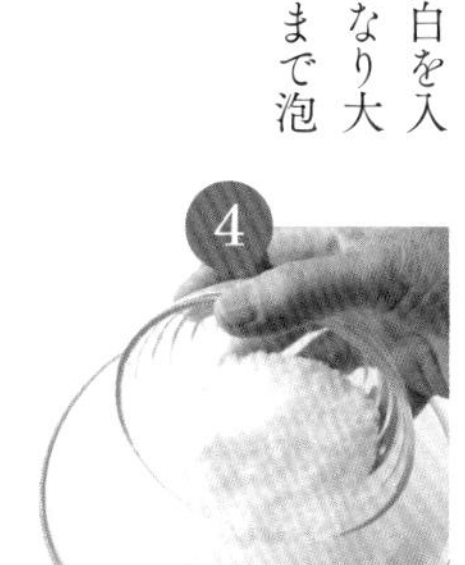

4 ③に上白糖を加える。

5 上白糖が溶けるまで、泡立て器でよく混ぜる。

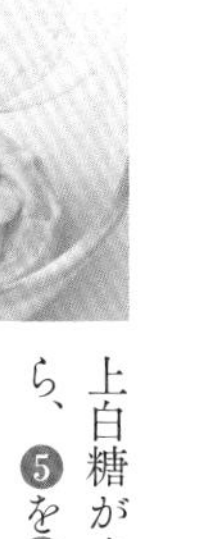

6 上白糖がすべて溶けたら、⑤を②に入れる。

7 全体がなめらかになるまでよく混ぜる。

8 流し缶にクッキングシートを敷き、⑦の生地の半量を流し入れる。

クッキングシートは切り込みを入れピタッと合わせる（P.89 ③参照）

9 蒸し器に入れ、強火で約4分蒸す。

10 ⑧の残りの生地に、抹茶を茶こしなどでふるって入れ、全体をよく混ぜる。

抹茶はダマになりやすいので、必ずふるって！

次ページにつづく

作り方 つづき

11

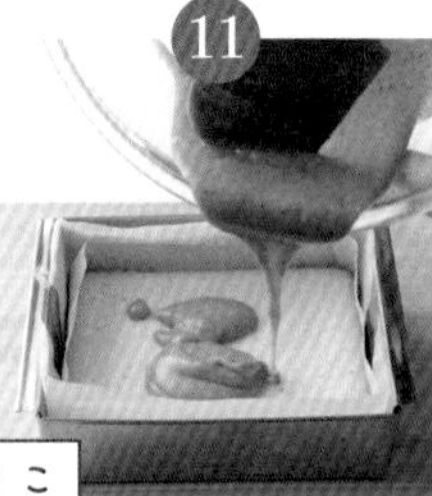

❾を蒸し器から一度出し、❿を少し入れ、全体に広げる。

この生地が糊の役割に

12

甘納豆をびっちりと並べる。

13

甘納豆が動かないように、❿の生地を上から静かに流す。

14

蒸し器に戻し、強火で25分ほど蒸して蒸し器から出し、クッキングシートごと流し缶から出す。

15

粗熱が取れたらかたく絞った濡れ布巾の上に逆さに置き、クッキングシートをはがす。

16

ラップで包み、一晩冷蔵庫で冷やす。好みの大きさに切る。

ラップをして一晩おくとしっとりし、切りやすくなります

栗の甘露煮入り浮島

1

栗の甘露煮は1cm角くらいの大きさに切っておく。

2

P.85の作り方❿のタイミングで、抹茶の代わりに食用色素を様子を見ながら少しずつ混ぜる。

3

同じく右の作り方⓫のタイミングで❷の生地を薄く広げ、❶の栗を並べる。

4

❸の上から残りの生地を静かに流す。この後は右の⓮〜⓰と同様に、蒸しあがったらラップに包んで一晩冷蔵庫で冷やす。

和菓子に合うお茶は？

和菓子は、中国茶にもよく合います。

和菓子には日本茶、そう思い込んでいませんか？　和菓子はお茶席で使われるように、お抹茶にはもちろんよく合います。でも実は中国茶と和菓子の相性も、とってもいいんです。中国にも月餅のようにあんこを使ったお菓子がたくさんあるので、もともとあんことの相性がいいのかもしれません。

中国茶は、本当にさまざまな種類があります。その数は数百と言われており、発酵の度合いによって緑茶、白茶、黄茶、青茶、紅茶、黒茶に分類されます。たとえば日本でも名が知られている凍頂烏龍茶や鉄観音茶は半発酵の青茶、プーアール茶は後から微生物を植え付けて発酵させた後発酵茶の黒茶です。私は比較的発酵度の浅い白茶が大好きで、練り切りなどをいただくときにも、この白茶を合わせることがよくあります。

たくさんの種類がある中国茶だけに、好みも人それぞれ。自分好みのお茶、そして好きな和菓子にぴったりのお茶を探してみるのも楽しいと思います。

水無月

氷に見立てた三角形に、邪を払う小豆の赤。
関西では「夏越の祓」の時季にいただきます

水無月は、6月30日に行われる、半年間の穢れを落とし残りの半年間の息災を祈願する神事、「夏越の祓」のときに関西で食べられている和菓子です。昔は位の高い人たちがこの時季に氷室に保存されていた氷を食べ、暑気払いをする風習がありました。夏の氷は貴重で、庶民の口には入らないため、氷に見立てて三角に作られたのが水無月です。上にのせられた小豆は、その赤い色に「邪を払う」意味があります。今回は白い水無月と茶色の水無月を作ってみました。

材料 14.5×11×4.5cmの流し缶2個分

- 小麦粉（薄力粉）… 120g
- グラニュー糖 … 60g
- 黒砂糖 … 60g
- 水 … 340cc
- 蜜漬け豆（またはぬれ甘納豆） … 120g

作り方

1

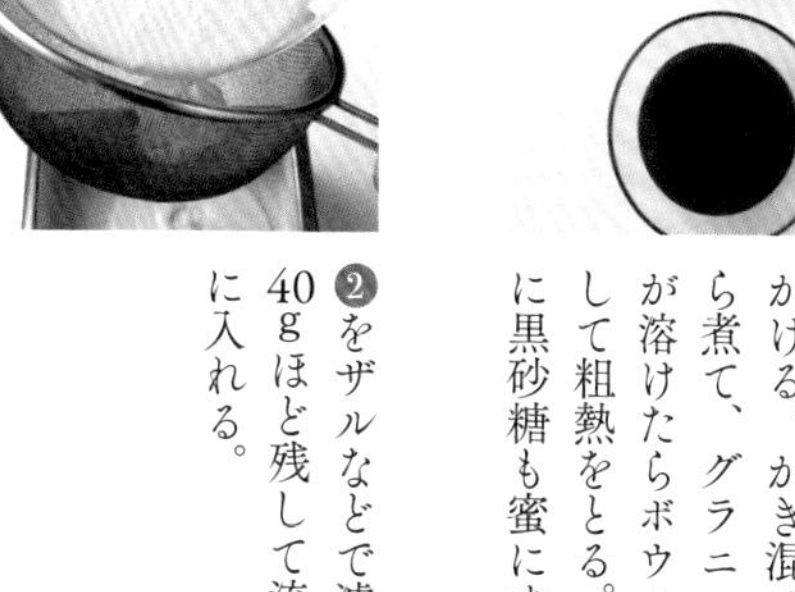

鍋にグラニュー糖と半量の水を入れて中火にかける。かき混ぜながら煮て、グラニュー糖が溶けたらボウルに移して粗熱をとる。同様に黒砂糖も蜜にする。

2

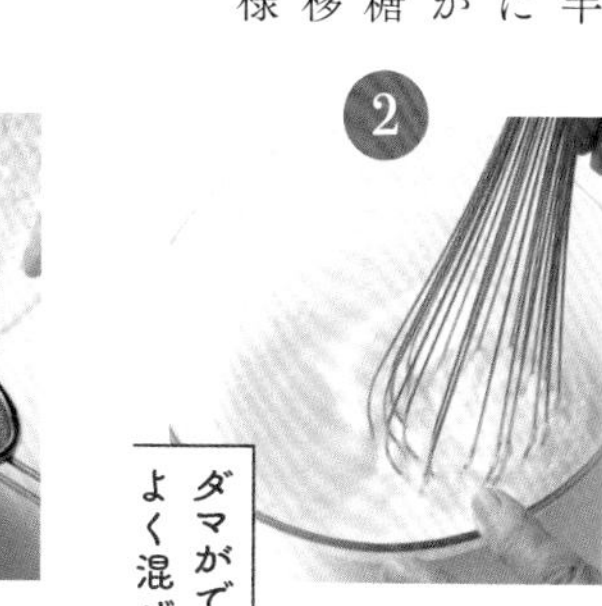

ダマができないようによく混ぜて

別のボウルに小麦粉60gを入れ、グラニュー糖で作った❶の蜜を加え、泡立て器でよく混ぜる。

3

流し缶の内側にぴったり合わせるようにします

クッキングシートを流し缶の側面まで覆う大きさに切る。底の大きさに合わせて折り、写真のように上下4カ所に切り込みを入れる。

4

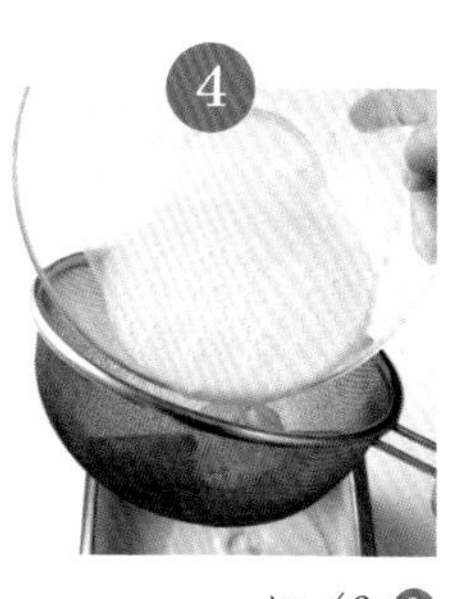

❷をザルなどで濾し、40gほど残して流し缶に入れる。

5

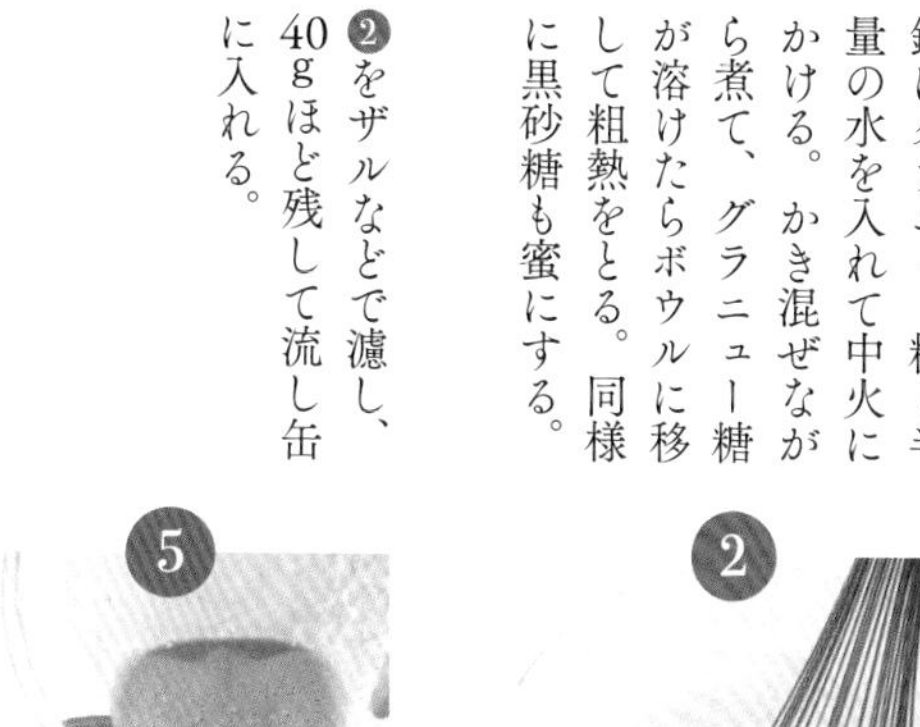

❷❸❹と同様に、黒砂糖で作った蜜を使って生地を作り、流し缶に入れる。

6

豆をのせるときの糊代わりにするので、それぞれの生地40gは必ず残しておく。

7

❹と❺を蒸し器に入れ、中火で10分蒸す。

流し缶を取り出すときは、火傷に気を付けて！

8

蒸し器から取り出し、❻の残しておいた生地をそれぞれ少量流し、全体に広げる。

9

蜜漬け豆を全体に並べ、残りの生地を上から全面に行きわたるようにかけ広げる。

10

もう一度蒸し器に入れ、中火でさらに10分蒸す。

11

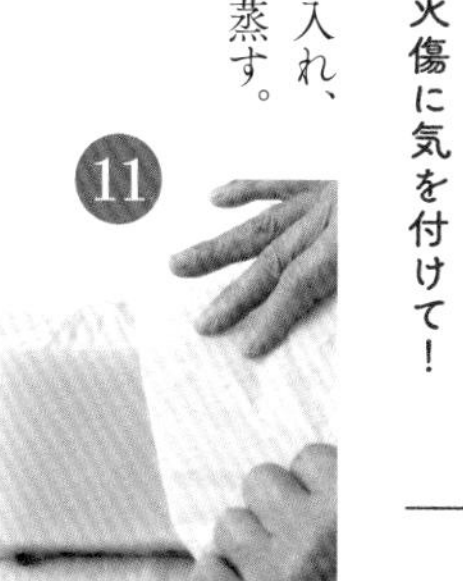

流し缶のまま表面が冷めるまでおき、表面が冷めたらかたく絞った濡れ布巾の上に逆さに出す。クッキングシートをはずして底面を冷ます。

12

冷蔵庫で冷やしてもおいしくいただけます

底面が冷めたら表面を上にしてさらに冷まし、完全に冷めたら三角形に切る。

栗のお菓子

栗きんとんモンブラン風

「栗狩り」と言わずに「栗拾い」と言うのは、日照時間が足りておいしくなると、栗が自分で落ちてくるからです。そんな栗がおいしい時季には、生の栗を使って、栗の香りが楽しめるお菓子を作りましょう。おいしく作るコツは、栗をゆでずに蒸すこと！　ゆでると水分が入ってべちゃっとなってしまいます。ここで紹介する栗きんとんは、おだまきという器具を使って栗粉あんを細長く出し、モンブラン風に仕上げました。

材料　10個分

皮付きの栗 … 200g
上白糖 … 25g程度
白あん … 150g程度
こしあん（中あん用）… 150g
グラニュー糖（蜜用）… 50g
お湯（蜜用）… 50cc

新栗の季節に味わいたい、
栗の香りを楽しむお菓子

作り方

1

栗は軽く洗い、蒸し器に入れて、中火で30分蒸す。

2

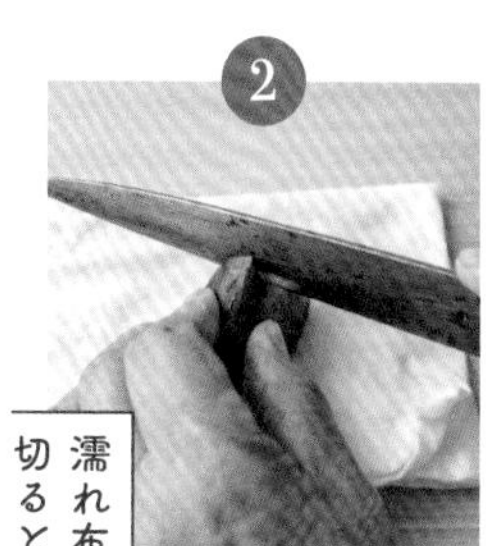

蒸し上がったらかたく絞った濡れ布巾の上に置き、縦に半分に切る。

濡れ布巾の上で切ると安定します

3

スプーンを使って栗の中身を取り出す。

変色している部分は匂いが悪くなるので混ぜないこと

4

取り出した栗の中身をあたたかいうちに裏ごしし、栗粉にする。

5

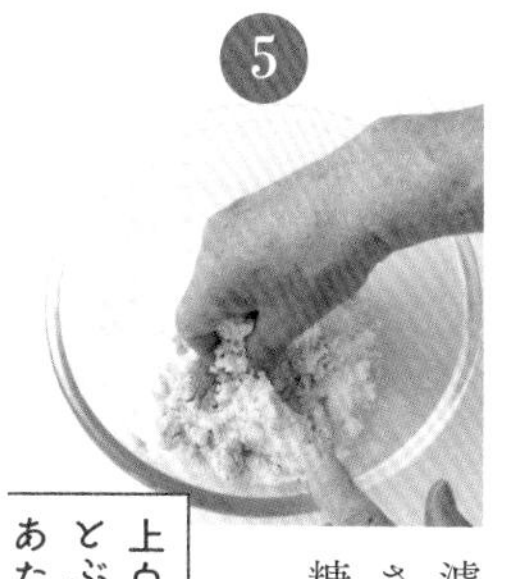

濾してできた栗粉の重さを量り、20%の上白糖をもみ込む。

上白糖が栗の香りがとぶのを防いでくれるので、あたたかいうちに!

6

❺の全体量と同じ量の白あんを量り、もみ込んで栗粉あんを作る。

7

グラニュー糖をお湯で溶かして蜜を作っておく。❻のなめらかさが足りなければ、少しずつ蜜を加えてなめらかになるまで調整する。

8

まとめた栗粉あんを押して、ひびが入らないくらいのなめらかさに調整する。

9

❽を10等分し、おだまきの筒の部分に入るくらいに丸めて入れる。

10

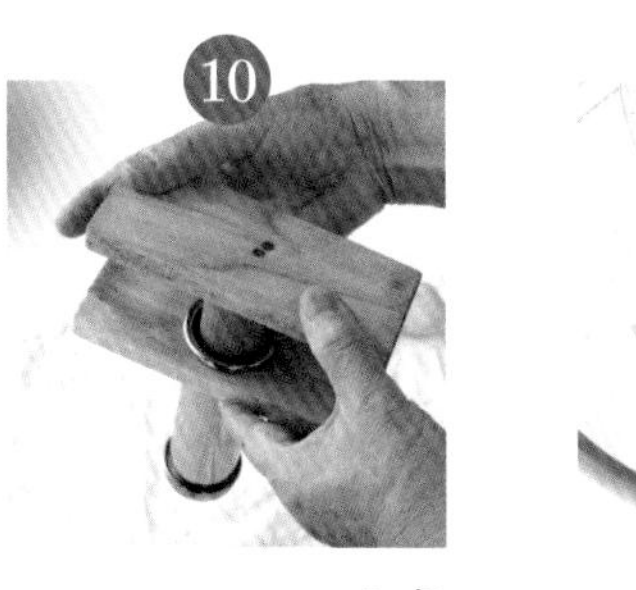

おだまきの押す側をセットする。

11

こしあん（中あん用）を10等分して丸めて器などに置き、上からおだまきを押して栗粉あんを出す。

12

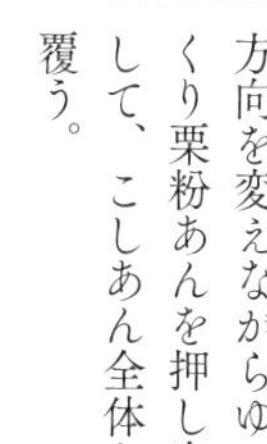

方向を変えながらゆっくり栗粉あんを押し出して、こしあん全体を覆う。

栗のお菓子

栗の茶巾しぼり

一口食べると、
栗がふんわり香ります

| 材料 | 10個分

皮付きの栗 … 200g
上白糖 … 25g程度
白あん … 150g程度
こしあん（中あん用）… 150g
グラニュー糖（蜜用）… 50g
お湯（蜜用）… 50cc

こしあんを栗粉あんで包んで茶巾しぼりにしました。中のあんこはお好みで粒あんにしても。栗がお好きな方なら、栗粉あんだけで茶巾しぼりにしてもおいしくいただけます。

| 作り方 |

1 P.91の作り方❶～❽を参照して栗粉あんを作る。10等分して平たくし、10等分して丸めたこしあん（中あん用）を包む（P.16「包あんのコツ」参照）。

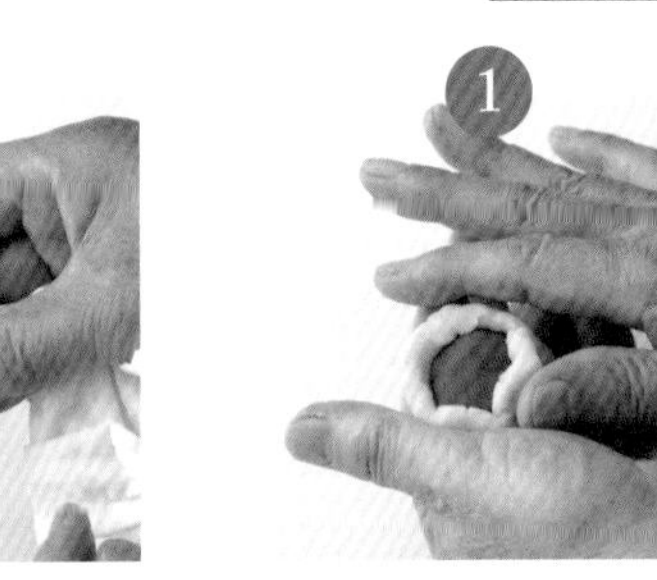

2 乾いた布巾で包み、親指、人差し指、中指の3本でしっかり茶巾しぼりにする。

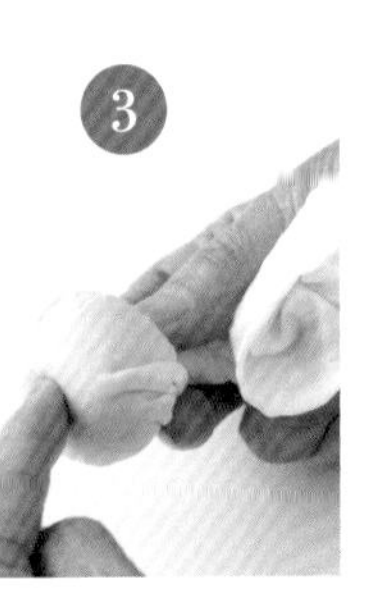

指で押すと布巾が張り、きれいなしぼり目に

3 一度下に置いて底を平らにし、底の真ん中の部分を指で押す。しぼり目を壊さないように気を付けて、布巾を広げる。

いが栗

栗粉で作ったいがの中から、
こしあんの栗がこんにちは

材料 10個分

皮付きの栗 … 200g
上白糖 … 25g程度
白あん … 150g程度
こしあん（中あん用）… 150g
グラニュー糖（蜜用）… 50g
お湯（蜜用）… 50cc

栗粉あんをそぼろにして、栗のいがに見立てました。こしあんで作った小さな栗がちょこんと顔を出す、愛らしいお菓子です。そぼろあんを付けるときは、両サイドにボリュームを出すといが栗らしく見えます。

作り方

1

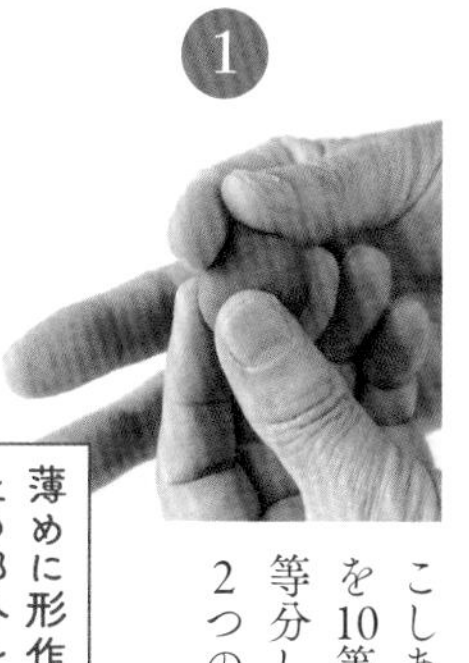

薄めに形作り、上の部分をつまみます

こしあん（中あん用）を10等分し、さらに2等分して栗の形を作り、2つの栗を合わせる。

2

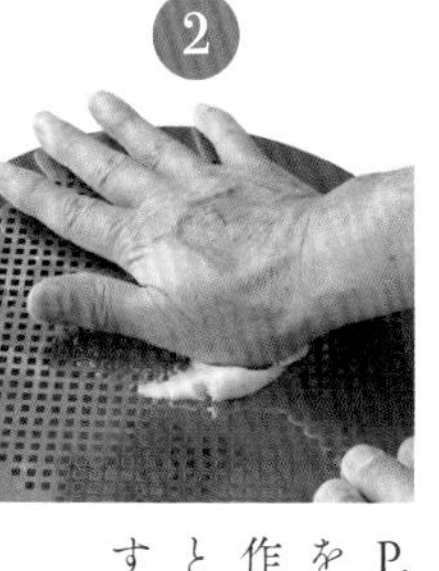

P.91の作り方❶〜❽を参照して栗粉あんを作る。10等分してきんとん通しでそぼろ状にする。

3

そぼろをつぶさないように注意して

❶の底にそぼろあんを少し付けて下に置き、先の細い箸で周りにそぼろあんを付けていく。

栗のお菓子

栗蒸しようかん

一度作ればその簡単さに驚く、
小さいサイズの蒸しようかん

寒天で固める練りようかんに対し、小麦粉などを使って蒸して固める蒸しようかん。この栗ようかんはラップで茶巾しぼりにして、小さいサイズで作ります。教室などで皆さんに作っていただくと、必ずその簡単さに驚かれます。家族からリクエストされ、家で何度も作りましたというリピーターの方もたくさん。その簡単さとそれに見合わぬおいしさを、ぜひ皆さんも体感してみてください。

材料 12個分

こしあん … 300g
小麦粉（薄力粉）… 30g
水 … 90～100cc
栗の甘露煮 … 6粒

作り方

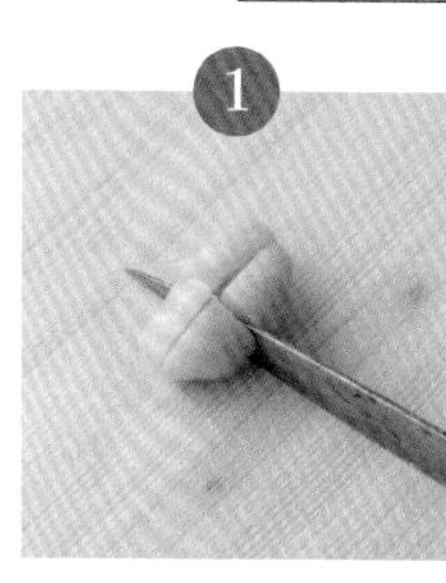

1 栗の甘露煮は4つに切っておく。

2 こしあんと小麦粉をよく混ぜ合わせる。

3 少しずつ水を加え、練り混ぜる。

4 くり返し、水を少しずつ加えて全体をよく練り混ぜる。

5 とろとろとしたクリームスープ状になるまで4をくり返す。

このとろとろ加減がポイント！

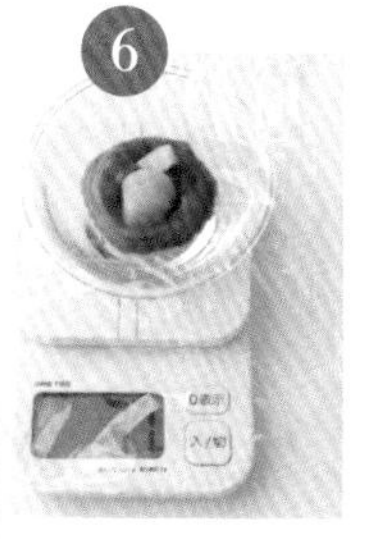

6 少し深めの小さい器にラップを敷き、5を30g程度流し入れ、切った栗を2つ入れる。

ラップは大きめに切って

7 栗が内側に入るようにして、ラップをくるくる回して絞る。

ここではあまりギュッと絞らずラップに余裕を残して

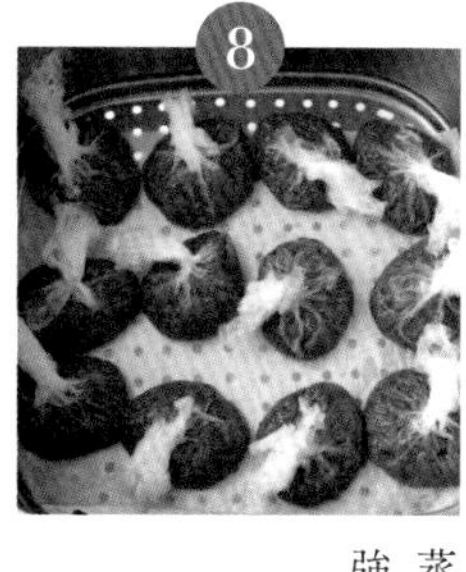

8 蒸し器の中に7を並べ、強めの中火で15分蒸す。

9 手で触れるくらいまで冷めたら、ラップをもう一度絞って形を整える。

完全に冷めると形が変えられないので、あたたかいうちに

10 左が蒸し上がったときの状態。右のように直径を小さく、高さが出るように整える。

金粉をふりかけただけで、あっと言う間によそいきの顔

実は金粉は、和菓子作りにおいて、とっても便利なアイテムです。ひとふりするだけで、華やかなよそいき顔のお菓子に変身します。小さなサイズの使いやすいものもあるので、1本持っておいてもいいかもしれません。

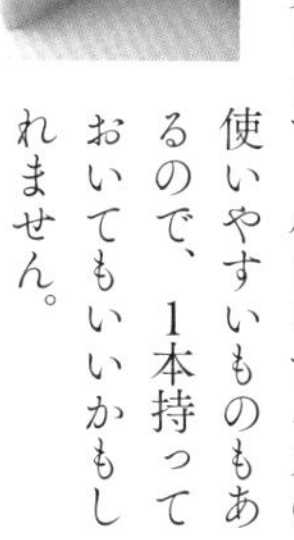

この本で使ったおもな材料

この本で使った材料はどれも、製菓材料店や近所のスーパーで購入できます。最近はインターネットでも、いろいろな種類、産地の和菓子材料が流通していますから活用してください。和菓子の味には材料の質がストレートに出るもの。質の良いものを選びたいですね。

米を原料とする粉

上新粉

うるち米を製粉したもの。この本では外郎生地などに使用。他の粉との配合具合でもちもち感が異なる。

薯蕷(じょうよ)粉(上用粉)

うるち米を製粉したもの。上新粉よりも粒子が細かく、なめらかさが求められる薯蕷まんじゅうに使用。

道明寺粉

もち米を蒸して乾燥させ粗挽きしたもの。三ツ割、五ツ割等粒の大きさが数種ある。本書では関西風桜餅に使用。

もち粉

もち米を生のまま挽いた粉。外郎や求肥の生地に配合して使用。加熱することで強い粘りが出る。

団子の粉

上新粉ともち粉が最初からブレンドされている便利な粉。

白玉粉

もち米に水を加えながら挽き、その後脱水、粉砕、乾燥させたもの。生地に加えると弾力が増し艶も出る。

地下茎を原料とする粉

吉野葛

葛の根をたたき、水晒しを繰り返して乾燥させたでんぷん質の粉。昔から奈良県の吉野葛が高級品とされる。

山芋パウダー

つくね芋や大和芋などをすりおろして混ぜる代わりに、薯蕷まんじゅうにはこのパウダーを使用。

片栗粉

手粉として手に付けたり打ち粉としてバットに広げておくと、生地が扱いやすい。現在は馬鈴薯が原料。

麦・豆を原料とする粉

薄力粉

本書では、どら焼き、浮島、水無月、大島まんじゅう、栗蒸しようかんなどに使用。

きな粉

大豆を炒って粉にしたもの。本書では亥の子餅に使用。草餅などにまぶしても。

青きな粉

青大豆を炒って粉にしたもの。淡い緑色からうぐいす餅に使われ、うぐいす粉と呼ばれることも。

そのほか

抹茶

品のある香り、さわやかな風味、目に鮮やかな緑色が和菓子の材料としてもよく使われる。

乾燥ヨモギ

かつては春先の若葉を用いて草餅が作られた。現在は乾燥ヨモギが一年中あり、お湯で戻すだけなので使いやすい。

重曹

膨張剤として大島まんじゅうに使用。ベーキングパウダーなどでもいいが生地が少し白っぽくなる。

糸寒天

天草を煮溶かして細長く流し固め、凍らせて乾燥させたもの。弾力、凝固力から和菓子でよく使われる。

砂糖

上白糖

家庭でもよく使われている、いわゆる白砂糖。粒子が細かいので溶けやすく、甘みが強い。

グラニュー糖

上白糖よりも精製度が高く、アクが少なくすっきりとした後味。あんを炊いたり、ようかんなどに使用。

黒砂糖

さとうきびのしぼり汁を煮詰めて作られた黒褐色の砂糖。黒糖とも。独特の風味とコクに特徴がある。

水あめ

芋類や、とうもろこし、米などのでんぷんが原料の透明、液状のあめ。生地をしっとりさせ艶も出る。

この本で使ったおもな道具

一部のレシピでは和菓子専用のものも使いましたが、ほとんどはご家庭にある道具で作れますし代用できます。練り切りに挑戦するなら三角ベラだけは欲しいところですが、ただそれも実は定規などで代用できるので、まずは何か1種類作ってみませんか？

和菓子専用の底に丸みがある鍋もあるが、家庭で作る際には雪平鍋などで十分。あんを炊いたり、練り上げる際には直径20㎝以上の大きめが1つあると便利。

鍋

きんとんのそぼろあん作りは、ザルでは代用できない。ぜひきんとん通しを用意して。右はあんをひも状に押し出せる器具「おだまき」。目の細かいザルもあると表現の幅が広がる。

きんとん通しなど

材料を混ぜたり、練り上がった生地を広げたり、成形した菓子を並べるのに、サイズ違いでいくつか用意しておきたい。ボウルは耐熱用を。バットは生地を流し込む型にも使える。

バット、ボウル

へら、おたまなど

右から、生地をボウルなどからきれいに取れるシリコン製のヘラ、生地を混ぜたり練り上げるのに一番活躍する木べら、生地をすくうおたま（写真はどら焼き専用）、液状の生地を混ぜる泡立て器。

三角ベラ

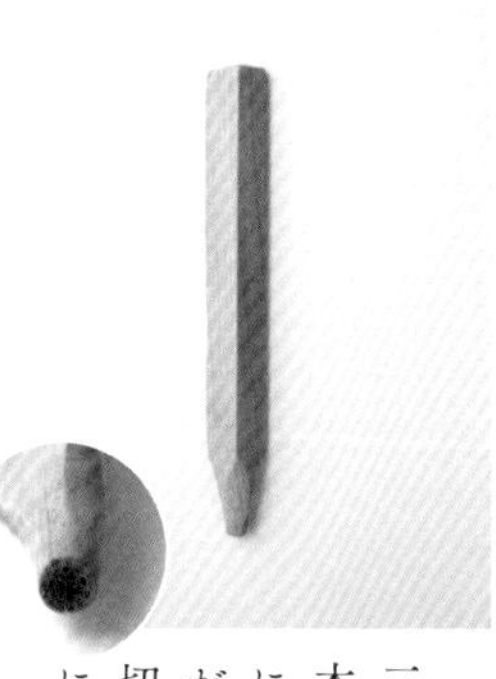

三角の木の棒。1本の筋と、2本の筋がついた角があり、先端に「しべ」と呼ばれる丸い部分が付いているものもある。練り切りなどに線や模様を付けるのに使う。

ザル

大きめのザルは炊いたあんや、煮溶かした材料のダマを濾すときなどに使用。茶こしサイズのものは、抹茶やきな粉、片栗粉をふるうときの必需品。

流し缶、プリンカップ

ようかん、浮島、水無月など型に流し込んで作る菓子に使う。本書では14・5×11×4・5㎝のサイズを使用。錦玉かんはふた付きのプリンカップを使った。

木型

木型を作る職人さんは全国でもう十人程度しかいないとか。貴重な木型は安いものでも1万数千円するが、1つあると表現方法が増えて楽しい。

抜き型

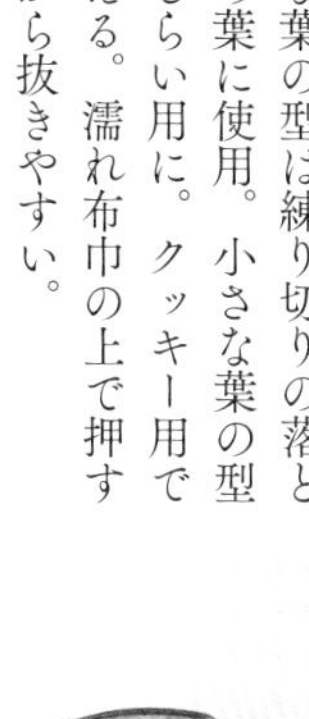

大きな葉の型は練り切りの落とし文の葉に使用。小さな葉の型はあしらい用に。クッキー用でも使える。濡れ布巾の上で押すと型から抜きやすい。

焼き印

まんじゅうなどに模様を付ける鉄製の印。コンロなどの火でよく熱して、一度濡れ布巾に当ててから菓子に押す。焼き印ひとつで季節を表現できるので重宝する。

布巾

生地を包んで乾燥を防いだり水分をとったり、熱い生地をもみ込む際などに大活躍する布巾。使い込んだもののほうが使い勝手がいい。日本手ぬぐいでも代用可能。

箸、刷毛、筆など

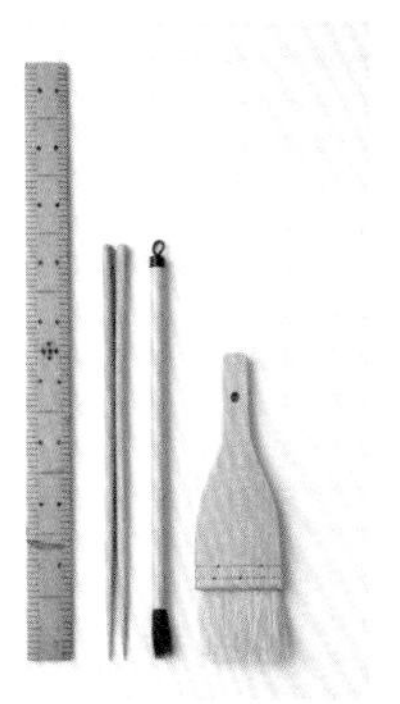

右から、でき上がった菓子の粉をはらうときなどに使う刷毛、オブラートなど粉をふりかけるのにも使える筆、細かな作業用に先が細く尖った箸、そして、同じ大きさに切り揃えるための定規。

そのほか台所用品

本書では写真のような、まな板、包丁、計量カップ、計量スプーン、はかりといった一般的な台所用品を使用。また、時間短縮、失敗回避のために、電子レンジやホットプレートも活用した。

季節の和菓子カレンダー

この本で紹介した和菓子を、季節や行事に合わせて十二カ月に並べてみました。和菓子を通じて、季節の自然や日本の伝統を知るヒントにしてください。

一月

花びら餅

P.50

宮中の正月行事でお供えや配り物とされた菱葩（ひしはなびら）に由来。遡ると正月に猪、鹿、大根、瓜、押し鮎など固いものを食べて長寿を願う「歯固め」の儀式につながる。餅と味噌の組み合わせから、包み雑煮の呼び名もある。

二月

練り切り 寒牡丹

P.28

もともとは初夏の花である牡丹を、真冬の一月から二月に咲くように栽培した寒牡丹。和菓子のモチーフとしても、花の少ない冬に、華やかに目を楽しませてくれる。

うぐいす餅

P.62

梅が咲く頃に春を告げる鳥として知られるうぐいすに、色と形を似せた春の代表的な和菓子のひとつ。今は青きな粉を振るが、江戸時代には抹茶をかけることもあったよう。

三月

練り切り 桜

P.14

おそらく桜は、日本人に最も愛されている花。桜の花見は宮中では平安時代以降、庶民の間には江戸時代から広まった。今や桜の見頃は三月から。季節先取りと考えると桜の和菓子は三月初めに作りたい。

草餅

P.54

草餅を食することで邪気を払うという、中国の風習が伝わったのが始まりとされる。江戸時代には三月三日の雛祭りに女の子の健やかな成長を願って草餅を食べる風習が広まり、現代まで受け継がれた。

四月

関西風桜餅

P.82

江戸時代の中頃、隅田堤近くの長命寺の門番が桜の葉を利用して桜餅を売り出し大評判に。桜餅の人気は全国に広がり、関東は小麦粉生地、関西は道明寺粉生地で定着していった。

練り切り 若草

P.30

若草は晩春の季語。菓銘は作り手の自由だが、季節感を大事にする和菓子では、季語や季節の風物、自然風景から付けることも多い。若草はみずみずしく柔らかな春の草のこと。

きんとん 春霞

P.34

春霞も春の季語。春の山谷に立ち込める水蒸気で、遠くの景色が薄雲がかかったように朧に見える様子。本書ではそぼろあんを薄いピンクと白のマーブルに染めて表現した。

五月

関西風柏餅

P.60

柏餅は五月五日の端午の節句に食べる行事菓子。柏は新芽が出るまで古い葉が落ちないため、子孫繁栄、家門継承の意味で江戸の武家社会で定着した。

外郎

薄衣

P.58

「薄衣」の薄紫色は、五月に見頃となるあやめや杜若の色。〝衣〟の文字が入る菓銘は「花衣」や「唐衣」など、春から夏の和菓子に多く見られる。

六月

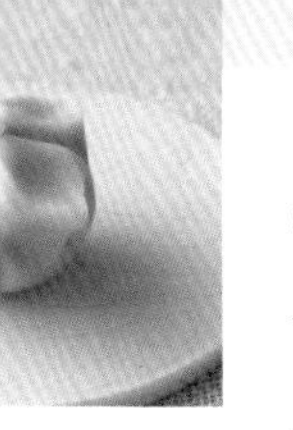

練り切り

紫陽花

P.18

梅雨空を振り払うかのように、六月には薄紫や群青の紫陽花をかたどった色鮮やかな和菓子が茶席や和菓子店に並ぶ。別名の「よひら」「手毬花」もかわいい。

練り切り

落とし文

P.22

落とし文は初夏の季語。巻き紙に書いた恋文を意中の人の近くに落とす平安時代の「落とし文」の風習と、オトシブミという虫が紐付きこの菓銘に。

葛焼き

P.76

茶の湯の世界では梅雨が明けるまで水菓子が使えないため、水気の多い葛の菓子に小麦粉をまぶし、焼いて焼き目を付けて使うようになったとされる。

水無月

P.88

一年の半分に当たる六月三十日に、厄災や穢れを祓い清め、残りの半年を無事に過ごせるように願う「夏越の祓」。この時季に食べられている京都発祥のお菓子。

七月

練り切り

朝の露

P.20

朝顔は和菓子では夏に人気のモチーフ。丸形の花の中央をくぼませ、露に見立てた寒天やオブラートの粉を散らし、葉を付ける典型的な姿が好まれる。

きんとん

天の川

P.38

もともと宮中の行事だった七夕。江戸時代に笹に短冊を飾る風習が庶民に広まった。和菓子も七月は星、笹、糸巻きなど七夕にちなんだものが多く登場する。

白玉の粒あんがけ

P.10

江戸時代には井戸水や湧水に白玉と砂糖を入れ、一椀四文で売った「冷や水売り」がいたそう。白玉は今も昔も手軽で人気のひんやり甘味だ。

八月

きんとん

向日葵

P.40

向日葵の見頃は七月中旬から八月中旬。晩夏の季語。和風の花ではないが、黄色が鮮やかで形がわかりやすく、子供たちや海外の人に喜ばれるとか。

抹茶の水ようかん

P.72

水ようかんは夏の季語。練りようかんなどより水分が多く、冷やしてつるんと喉越しよく食べられる、夏に人気のデザート。

錦玉かん

金魚

P.74

寒天を煮溶かし砂糖と水あめなどを加えて煮詰め、型に流し入れた透明な夏のお菓子。中には水や川にちなんだモチーフがあしらわれる。

九月

練り切り 菊

P.24

九月九日の重陽の節句は、菊を飾って厄を祓う菊の節句とも呼ばれる。この時季には「はさみ菊」や「着せ綿」などさまざまな意匠の菊の和菓子が並ぶ。

栗の茶巾しぼり

P.92

栗は縄文時代から日本で栽培されていたとされる。重陽の節句に栗飯を食べたり、十三夜（旧暦九月十三日）に栗を供えるなど九月は栗とも関連が深い。

十月

練り切り 秋の夜

P.27

月と言えば「秋の月」を意味し、十月も長月、十三夜、後の月など月にまつわる季語がある。和菓子では月とススキ、うさぎ、山、雲などのモチーフが取り合わされることが多い。

薯蕷まんじゅう 紅葉

P.46

楓形の焼き印を赤い生地の上に押しただけで、秋の紅葉のイメージができ上がる。紅葉は秋の季語で、和菓子でも秋のメインテーマ。ちなみに緑の生地に楓形の焼き印は青楓のイメージとなる。

十一月

練り切り 初霜

P.30

霜が降りることから旧暦十一月は霜月の名がある。初霜は十一月中旬から十二月中旬の初冬の季語。

きんとん 深山のしらせ

P.42

十一月の季節の言葉として「深山路」がある。山路は四季折々の山道の美しさを想像させるが、〝深〟とつくと険しい山に分け入るイメージがあり、日本語の妙である。

亥の子餅

P.64

旧暦十月の亥の日に、多産の猪にあやかって子孫繁栄を願い亥の子をかたどった餅を食べる風習が生まれた。猪が火伏せの神の使者であることにちなみ、茶道では炉を開いて火を入れる「炉開き」に用意されることも多い。

十二月

きんとん 雪峯

P.44

雪峯とは、峰に雪が降り積もった様子。雪は雪月花とも表現されるように、日本人が好む詩情があり、この時季の和菓子にも雪に見立てた意匠や焼き印、菓銘が多く見られる。

薯蕷まんじゅう うさぎ

P.46

うさぎは月との取り合わせで秋を連想しがちだが、実は冬の季語。白い薯蕷まんじゅうに耳と目を赤色で描くうさぎは、雪うさぎのイメージもあり、子供たちにも好まれやすい。

おわりに

小さなアートを作るように、和菓子作りを楽しんでください。

この本を読んでいただき、本当にありがとうございます。いかがですか？　作ってみたい和菓子はありましたか？　春夏秋冬、どの季節のお菓子が食べたくなりましたか？

和菓子作りは小さなアートを作り出すような楽しい手作業です。最初はうまくできなくても当たり前。でも次に作ったときには必ず前回作ったときよりも上手にできるはずです。その過程自体も楽しんでいただければと思います。

手作りの和菓子にはかけた手間の分だけ、愛情がたっぷり詰まっています。ぜひためらわず、ご家族やお友だちに披露してください。必ず喜んでいただけるはずです。

この本には私が長い経験の中で得たヒントやコツを詰め込みました。皆さんが和菓子作りを始められるきっかけとなれば幸いです。

二〇二四年三月吉日

伊藤　郁

伊藤 郁（いとう　かおる）

和菓子の老舗に45年間勤務し、40年以上にわたり東京と京都の工場で和菓子の製作、開発に従事。その後は広報課で和菓子の魅力を国内外に伝える活動を行う。退職後は和菓子作りの匠の技と親しみやすい人柄で、イベントや教室の人気講師として全国を飛び回る。中国、韓国、台湾等でも国際交流イベントで和菓子教室の講師を務める。テレビ出演多数。

有名老舗の元職人が教える
はじめての和菓子作り

2024年3月11日　初版発行

著者／伊藤 郁

発行者／山下 直久

発行／株式会社KADOKAWA
〒102-8177　東京都千代田区富士見2-13-3
電話　0570-002-301（ナビダイヤル）

印刷所／図書印刷株式会社

製本所／図書印刷株式会社

●お問い合わせ
https://www.kadokawa.co.jp/（「お問い合わせ」へお進みください）
※内容によっては、お答えできない場合があります。
※サポートは日本国内のみとさせていただきます。
※Japanese text only

定価はカバーに表示してあります。

ISBN 978-4-04-606755-5　C0077